몽당연필

몽당연필

초판 1쇄 발행 | 2026년 3월 25일

지 은 이 | 주진경
펴 낸 이 | 이한민
펴 낸 곳 | 아르카
총 판 | 비전북

등록번호 | 제307-2017-18호
등록일자 | 2017년 3월 22일
주   소 | 서울 성북구 숭인로2길 61 길음동부센트레빌 106-1805
전   화 | 010-9510-7383
이 메 일 | arca_pub@naver.com

홈페이지 | www.arca.kr
블 로 그 | arca_pub.blog.me
페이스북 | fb.me/ARCApulishing

책   값 | 뒤표지에 있습니다
I S B N | 979-11-89393-52-6(03230)

아르카ARCA는 기독출판사이며 방주ARK의 라틴어입니다(창 6:15).
네가 만들 방주는 이러하니 … 새가 그 종류대로, 가축이 그 종류대로,
땅에 기는 모든 것이 그 종류대로 각기 둘씩 네게로 나아오리니 그 생명을 보존하게 하라 _창 6:15,20

주진경 목사 설교와 수상 모음 3

몽당연필

Lord's
pencil stub

주진경 지음

아르카

몽당연필처럼 닳을 때까지
주님께 온전히 쓰임 받기 바라셨던
주진경 목사님처럼 살아가기를

걸어오신 발자국마다 떨어진
복음의 씨앗들이 봄날을 꿈꿉니다

_이재덕 목사

목사님, 몸은 좀 어떠신지요?
창 밖에는 봄비가 내리고 있네요.

인간을 창조하신 하나님이
목사님의 약해지신 몸을 온전케
치유해 주실 줄 믿습니다.

자비로우신 주님이
목사님께서 지나온 생애의 발걸음을
더 잘 아시기 때문입니다.

지난 가을 땅에 떨어진 씨앗들의
새싹을 틔우기 위해
봄비가 내리고 있습니다.

잊혀지고 없어진 것 같은 씨앗들이
사순절을 맞아 부활의 새생명을
꿈꾸고 있습니다.

목사님께서 지나온 구십여 년의 날들
사모님과 함께 걸어온
발걸음은 얼마나 될까요.

선생님으로서 뿌린 씨앗이 얼마며
군인으로서 나라에
헌신해 오신 발자국이 얼마며
낯선 불란서 땅에서
자녀들을 위해 흘리신
눈물이 무릇 얼마인가요?

목회자로서 텍사스와 멕시코의
가난한 이들을 위해 뿌리신
복음의 씨앗들이 무릇 얼마며

교회와 이웃들을 위한 헌신과
섬김의 발걸음은 얼마일까요.

목사님이 뿌려 온 씨앗들이
잊혀지고 없어진 것 같지만
걸어오신 발자국마다
떨어진 복음의 씨앗들이
아름다운 봄날을 꿈꾸고 있습니다.

목사님,
속히 집으로 돌아오셔서
봄의 향기로 가득한 뜰 안에서
열이 사모님이 직접 구운 크루아상과
사과와 커피를 드시면 좋겠습니다.

그리고 목사님이 즐겨 부르시던
찬송을 함께 부르고 싶습니다.

내 맘속에 있는 참된 이 평화는
누구도 앗아갈 수 없네
오 주 없이 살 수 없네
주님 없는 세상 평화 없네
오 주 없이 살 수 없네

목사님의 쾌유를 빌며
마음의 기도를 글로써 보냅니다.

_이재덕 목사
주진경 목사님께서 병원에 계실 때 보낸 글

C o n t e n t

1부

—

말씀과
더불어

Lord's pencil stub

그리스도와 함께 죽은 나

고난주간의 회상

청소년기에 해방을 맞이한 나는, 곧이어 6·25동란을 겪으면서 비전도 없고 야망도 꿈도 없는 암울한 시대를 지내 왔다. 가난과 무질서와 혼란, 부도덕, 폭력, 시기, 절도 등이 넘실거리는 사회악과 부조리 때문만은 아니었다. 나 스스로 밝힐 수 없는 인생의 고뇌와 번민 때문이었다.

이러한 나에게, 어느 날 눈으로 볼 수도 없고 직접 만날 수도 없는 예수에 대한 소문이 들려왔다. 황당한 이야기들이었다. 물 위를 걷고 죽은 자를 살렸다는 이야기며, 사법기관의 법관도 아닌 한 평범한 사람이 간음죄를 지은 여자를 용서했다는 것이다. 오병이어(五餅二魚)는 또 무엇인가? 굶주리고 헐벗은 시대에서 사는 사람들에게는 눈이 번쩍 뜨이고 귀가 확 열리는 말이었다. 그러한 소문 중에 들려온 한 말씀은 이러했다.

"수고하고 무거운 짐 진 자들아, 다 내게로 오라. 내가 너희를 쉬게 하리라. 나는 마음이 온유하고 겸손하니, 나의 멍에를 메고 내게 배우라. 그리하면 너희 마음이 쉼을 얻으리라."

절망의 암울한 시대를 살면서, 이 말을 듣고 오라고 하는 이에게 나가지 않을 사람이 누가 있겠는가? 다른 사람들은 몰라도 나만큼은 꼭 가 봐야 할 것 같았다. 그래서, 나는 말할 수 없이 비천하고 어리석고 추하기 이를 데 없는 몰골이었으나, 그래도 예수께 나아갔다. 예수님은 이러한 나를 따뜻한 가슴으로 맞아 주셨다. 하지만 이러한 모습으로는 도저히 그분께 가까이 다가갈 수 없어, 어쩔 줄 모르고 멀찍히 예수님 앞에 그냥 서 있기만 하였다. 그랬더니 예수님께서 "네 짐을 내려놓으라"고 하셨다.

나는 등에 짐을 지고 간 것이 아니었기에, 무슨 짐을 어떻게 내려놓아야 하는지 몰라 예수님 앞에 그냥 그대로 서 있었다. 그랬더니 예수님께서 "그렇게 힘들게 서 있지 말고 내 등에 업혀라" 하셨다. 나는 그 말씀을 듣고서 염치 불고하고, 냄새나고 누추한 몸으로 예수님의 등에 업혔다. 예수님의 등은 말할 수 없이 포근하고 편하게 느껴졌다.

나는 그제야 수없이 들어 왔던 "예수를 믿어라" 하는 말의 의미를 깨달아 알았다. 내가 예수를 믿는다는 것은 나를 예수님께 맡기고 의지하는 것이고, 그 등에 업히는 것임을 알게 되었다.

은행은 믿을 수 있는 좋은 기관이다. 그러나 그곳에 나의 돈을 갖다 맡기지 않으면, 믿을 수 있고 그 좋다는 은행도 나에게는 아무런 소용이 없다. 그것처럼 예수님은 메시아요 좋으신 분이지만, 내가 예수님께 내 인생을 맡기지 않으면 예수님과 나와는 아무런 관계가 아니고, 아무런 소용도 없다.

예수님께 나를 맡기고 그 등에 업힌 나는, 이제 어디로 가든지 예수님이 가시는 대로 등에 업힌 채 따라가기만 하였다. 어디로 가는지 알 수 없었고 어쩐지 불안한 느낌도 들었으나, 그토록 더러웠던 나를 업으신 예수님께 도중에 내려 달라고 할 수 없어서 그대로 따라가기만 하였다.

업힌 채 따라가 보니, 예수님을 잡아간 제사장 가야바의 뜰과 빌라도의 법정을 거쳐, 도착한 그곳은 무시무시하고 으스스한 갈보리 산 위의 십자가 형장이었다. 나를 업으신 예수님이 십자가에 달리시고 양손과 양발에 못이 박혔다.

로마 병정들이 죄인인 나를 찌르기 위해, 나를 업은 예수님의 옆구리를 깊숙이, 사정없이 찔렀다. 창(槍)에 찔린 예수님의 몸에서는 죄 없는 깨끗한 피가 강물같이 흘러내렸다. 예수님의 몸에서 흐르는 강물 같은 피가 세상의 온갖 더러운 것들을 씻어내렸다.

예수님을 찌른 창이 나의 몸까지도 깊숙이 찔러, 나의 몸에서도 피가 흘러내렸다. 예수님의 몸에서는 깨끗하고 맑고 붉은 피가 흐르는데, 내 몸에서는 검고 끈적끈적한 죄의 피가 흘렀다. 더럽고 끈적끈적한 나의 피가 예수님의 깨끗한 붉은 피에 한없이 씻겨 내려갔다. 내 몸에서 죄의 무거운 피가 다 씻겨 내려 몸이 가벼워졌을 때, 예수님이 십자가에서 일어나시고 다시 살아나셨다. 죄의 피가 다 씻긴 나도 일어나 다시 살아났다.

"구주와 함께 나 죽었으니 구주와 함께 나 살았도다."

예수님의 붉은 피가 죄에 찌든 나를 정결하게 하시고, 죄로 죽었던 나를 살아나게 하셨다.

예수님의 죽음은 어떠한 죽음이었는가? 선악과의 금령을 어기며 불순종과 불신앙의 죄를 지어 죽어야 할 죄인의 죽음을 대신한 죽음이었다.

매년 사순절(四旬節)은 겨울이 녹고 따뜻한 봄과 함께 다가온다. 생동하는 봄의 환희와 함께, 예수님께서 고난당하신 비탄과 회개의 상심의 정서가 함께 어우러져 다가온다. 매우 감상적인 파토스(pathos, 애수)에 젖어들기 쉽다. 그러나 이 계절에 우리는 '나' 까닭에 십자가 위에서 고난당하시고 피 흘리고 계시는 하나님의 아들 예수 그리스도를 다시 발견하고, 지금 내가 그 고난의 길(Via Dolorosa)의 어느 위치에 있는가를 발견하는 계절이 되어야 할 것이다.

- 2012년 4월 4일(수), 뉴욕일보

순례자로 살아온
나그네의 인사

이른 새벽에 기도회에 가는 길은 어둡긴 하지만, 그렇게 상쾌하고 신선할 수가 없습니다. 나는 방문을 나서면서, 그 놀라운 천혜(天惠)의 고요와 청정함에 하늘을 우러러 한없는 감사를 드립니다. 그런데 요즘은 새벽기도회에 나가는 길이 상쾌하다기보다, 더할 수 없는 적막과 상념에 빠져들게 합니다. 왜 그럴까요?

여러분은 '이제 며칠 후면 주 목사님께서 떠나가시니까 그렇게 느껴지는 것이겠지요. 우리 모두가 정들지 않았습니까? 그래서 그런 것이지요' 이렇게들 생각하실 것 같습니다만, 그래서라기보다, 제 입장에서는 지금이 가을이기 때문에 그렇습니다. 제가 이 척박한 곳에 와서 네 번째 맞는 이 가을이 여러분과 지내는 마지막 가을이기 때문에 그런지도 모르겠습니다.

이곳에는 코스모스가 피었다거나, 하늘이 높고 푸르다거나, 아름답게 단풍이 들고 낙엽이 진다거나 하는 등의 가을다운 사인(Sign)이 없지만, 가을임을 감지하게 하시는 하나님의 은혜에 나는 감사합니다. 가을이 없는 곳에서 가을을 맛볼 수 있기 때문입니다. 그래서인지 역시 가을은 사색의 계절이요, 상념과 고독의 계절입니다.

여러분 중에 읽은 분도 계실지 모르나, 이해인 수녀의 〈가을 편지〉라는 시에 이러한 구절이 있습니다.

누구나 한 번은
수의(壽衣)를 준비하는 가을입니다

살아온 날을 고마워하며
떠날 채비에
눈을 씻는 계절

모두에게 용서를 받고
약속의 땅으로 뛰어가고 싶습니다

누구나 다 죽어가는 이 세상에서, 그녀는 어떻게 살았든지 간에 살아온 날들을 감사하고, 또 이웃에게 저지른 모든 허물과 잘못한 일에 용서를 빌고, 이제 곧 약속의 나라로 뛰어가고 싶다고 고백합니다. 그녀가 말한 약속의 나라는 곧 천국이요, 우리가 받은 약속의 나라도 천국입니다. 그렇다면 우리는 모두 천국을 향해 길을 가는 나그네이며, 우리가 살고 있는 이 세상은 우거(寓居)입니다. 즉, 우리는 '임시로 잠깐 머물고 가는 객사'에서 하늘나라로 길을 떠나는 나그네라는 것입니다. 히브리서 11장 13절은 이렇게 보이지 않는 천국의 집을 향해서 길을 가는 사람들을 '이방인이요, 나그네'라고 부릅니다.

이러한 사람들은 이상한 사람들입니다. 땅에 벽돌로 지었든 나무로 지었든, 당장 오늘 밤에 들어가 자고 일어나며 거처할 자기 집이 있는데 보이지 않는 천국 집을 향해 가고 있다니, 참으로 이상한 사람들입니다. 없는 것을 있는 것같이 여기고, 있는 것을 없는 것같이 여기는 사람들입니다. 세상에서 중요한 것을 별로 중요하게 여기지 않고, 중요하지 않은 것을 중요하게 여기는, 바보같이 이상한 나그네들입니다.

세상의 나그네들은 그 육신이 태어나고 자란 고향에 돌아가기 위해 온갖 수고를 다합니다. 돈을 많이 벌어 갑부가 되고, 공부를 많이 하여 학·박사가 되고, 아니면 정치에 투신하여 권세를 쥐어 태어난 고향으로 돌아가기를 바랍니다. 소위 금의환향을 바라는 것입니다. 많은 사람들은 금의환향을 위하여 세월을 보내다 그의 생명이 유래한 곳, 곧 천국을 놓치고 생로병사의 길로 빠지는 비

극을 맞게 됩니다. 그러나 보이지 않는 천국, 현재에 없는 약속의 나라를 보이는 실상으로 바라보고 바보처럼 세월을 보낸 사람들에게는 생로병사(生老病死) 후에 이어지는 하늘나라가 있습니다.

남들이 생로병사의 길에서 열심히 돈 벌고 출세하고 학문을 닦아 자기 이름을 날리는 입신양명(立身揚名)을 위해 세월을 보내는 동안, 자기의 생명이 유래한 곳을 향하여 떠날 채비를 하는 사람들은 무엇을 합니까? 그 인생의 순례길에서 주님과 얼마나 동행하며, 그 길목에서 하나님을 얼마나 만나느냐에 노력을 기울입니다. 그러므로 세상적으로는 손해를 많이 보기도 합니다.

순례자는 한곳에 머물러 있는 사람이 아닙니다. 자신이 가야 할 길을 찾아 자꾸자꾸 길을 가는 사람, 곧 나그네입니다. 좁아도 옳은 길을 찾아서 가고, 행여 길을 잘못 들어섰으면 돌이켜 옳은 길로 가고, 길이 넓고 가기가 수월해도 그 길이 옳은 길이 아니면 가지 않고, 손해가 되더라도 궤도를 수정하여 가는 길손입니다. 이런 사람들은 세상에 궁궐 같은 집을 짓지 않습니다. 터줏대감이 되기 위하여 성을 쌓지도 않습니다. 객지에 우거(寓居)하는 마음으로 살면서 떠날 채비를 합니다. 곧 떠나야 하기 때문입니다.

꽃들이 아름답게 피어나고 씨를 뿌리는가 싶더니, 이마에 땀 흘리는 시절이 지나자 어느덧 가을의 추수하는 벌판에 서게 됩니다. 모든 인생은 그 가을의 벌판에 서서 그가 거둔 수확(收穫)을 보며 동면(冬眠)의 계절, 인생 휴면의 계절에 들어갈 준비를 마무리합니다. 이 땅에서는 동면(冬眠)의 계절이 지나면 씨 뿌리는 봄이 다시 오지만, 인생 휴면의 계절이 지나면 인생의 씨 뿌리는 봄은 다시 오지 않습니다. 이것이 순례자 인생의 길입니다.

보이지 않는 것을 있는 것처럼 붙들고 순례의 길을 가는 사람들에게는 인생의 영원한 계절이 옵니다. 세상에서 땀 흘리며 수고하고 짐 지는 것과는 달리, 의(義)와 희락(喜樂)과 평강(平康)이라는 하늘의 복이 넘치는 계절이 오는 것입니다.

하나님의 부르심을 받고 그 길에서 120년의 생을 마친 모세는 하나님으로부터 받은 사명을 충성스럽게 감당했으며, 보람을 느낄 만도 했습니다. 그런데 그는 "그 연수의 자랑은 수고와 슬픔뿐이요 신속히 가니 우리가 날아가나이다"(시 90:10)라고 말하며 세월의 빠름을 술회하였습니다. 그러고는 "우리에게 우리 날 계수함을 가르치사 지혜로운 마음을 얻게 하소서"(시 90:12)라고 간구하였습니다.

나그네요 순례자로 사는 인생들이 행여 어린양 같아서 그릇 행하여 제 길로 갔다면(사 53:6), 속히 하나님께서 오라고 하시는 길로 돌아와야 합니다. 하나님께서는 자비하사 오래 참고 기다리시지만(롬 9:22; 딤후 2:10), 천년이 하루 같을 수 있기 때문에 떠날 채비에 서둘러야 하기 때문입니다.

이제 부족한 저와 곧 이별하는 여러분은 각자의 나그네 인생길이 얼마나 남았다고 생각됩니까? 그 누구도 자신의 남은 날을 모릅니다. 그러므로 영원한 미래를 현재로 보는 지혜와 믿음이 있기를 바랍니다.

저는 이번 감사주일 예배가 끝나면, 어렵게 뉴욕을 통하여 LA에서 수배한 이삿짐 차량으로, 11월 7일에 저의 손때가 묻은 서책(書冊)과 간단한 소지품 몇 가지를 NJ로 실어 보냅니다. 소량 이삿짐이기 때문에 큰 컨테이너에 정량이 차기까지 취합해야 하므로, 여러 날 지나서야 이삿짐이 도착할 것이라고 합니다.

은둔(隱遁)과 같았던 세월이었지만, 아무리 생각하여 보아도 몇 분 되지 않은 여러분과 같이 지내 온 그 몇 년의 세월은 정말 감사하고 아름다웠습니다. 그래도 미운 정, 고운 정, 이렇게 정든 여러분들을 뒤에 두고, 가벼운 것처럼 떠나는 저희 내외의 마음을 헤아려 주시기 바랍니다. 굳이 떠나는 이유는, 이후에도 또 다른 바라는 실상이 있고 보지 못하는 것의 증거가 있기 때문입니다. 제가 떠난 후에 또다시 교회가 문 닫았다는 소식은 들려오지 않기를 간절히 바랍니다.

사색의 계절 가을, 고독의 계절, 이 가을의 계절에 바라는 것과 보지 못하는 것들을 제대로 찾아 꾸준히, 정말로 꾸준히 따라가기를 바라고 또 바랍니다.

- 2001년 11월 4일(주일)

눈을 치워 주는 마음

이른 새벽, 아무도 보이지 않는 어둠 속에서 그 할머니의 차(車) 위의 눈을 치우는 일은 기쁜 일이었고, 그렇게 시작한 하루는 온종일 즐거웠다.

　내 차 옆자리에 주차하는 나이 들고 허리가 꾸부러진 미국 할머니는, 어딘지는 알 수 없으나 거의 하루도 빠짐없이 어딘가를 다녀오곤 하였다. 눈이 많이 내린 새벽이면, 나는 교회(새벽기도회)에 가기 위해 내 차 위의 눈을 치우면서 그 할머니 차 위의 눈도 치워 드렸다. 그러지 않으면 매일 어딘가를 다녀오는 할머니가 매우 답답해할 것이라고 생각했기 때문이다. 이따금 새벽기도회에 따라가곤 하던 외손자가, 어느 눈이 내린 날 "할아버지, 저 미국 할머니 차의 눈도 치워 줘" 한 것이 계기가 되었다.

눈이 많이 내린 어느 날 새벽, 나는 내 차 위의 눈을 다 치운 다음, 그 할머니 차 위의 눈도 치우기 시작했다. 눈을 치우는 일은 매우 힘들었다. 등에서 땀이 나고 허리도 아팠다. 허리를 펴고 일어나던 순간, '이 일을 누군가에게 들켰으면' 하는 생각이 떠올랐다. 그러나 눈을 치우고 있는 나를 보고 있는 사람은 아무도 없었다. 혹시 아내가 눈을 치우고 있는 빼빼한 남편을 내려다보고 있지는 않을까 하는 생각에, 종종 아내가 내려다보곤 하는 거실 창문 쪽을 올려다보았다. 아내가 이것을 보면 가상히 여길 것 같은 생각에서였다. 그러나 거기에도 나를 바라보는 눈길은 없었다.

나는 눈삽을 벽에 기대 놓으면서 다른 창문 쪽을 올려다보았다. 아내는 그쪽에서 커튼을 살짝 젖히고 나를 몰래 지켜보고 있었다. 내가 위를 바라보는 것을 보더니, 아내는 조금 젖혔던 커튼을 활짝 열고는 하얀 이를 내보이며 웃었다. 나는 결국 들키고 있는 것이었다.

남모르게 하는 작은 선행의 동기(動機)가 칭찬을 받고 싶은 도심(盜心)으로 전의(轉意)되고 있었다. 이 작은 선행이 누군가에게 들키기를 바라는 마음이 내 속에 싹트고 있는 것을 깨닫는 순간, 십자가를 지고 계시는 예수님의 모습이 이슬같이 눈물 진 내 망막에 떠올랐다. 이슬인지 눈물인지 알 수 없는 것으로 얼룩진 나의 눈에 비친 예수님은 붉은 피를 흘리고 계셨다.

아직도 들키기를 기대하는 설교자 남편과 열(烈: 아내의 애칭)은

돈으로 계산할 수 없는 영적 엔도르핀에 감사하며, 현장을 속히 떠나 교회로 갔다.

새벽기도회를 마치고, 우리 내외는 가까이에 있는 Shop Rite의 베이커리 코너에 아침을 먹으러 갔다. 근처에 Diner도 있고 잘 단장한 빵집도 있었지만, Shop Rite의 베이커리 코너와 델리(Deli)의 시장 장터 같은 서민풍(庶民風)이 좋았기 때문이다.

나와 아내는 크루아상 세 개를 사고, 커피 두 잔을 뽑아 둥근 테이블에 앉았다. 그때 마침 나이 들고 허름한 한국인 노인 한 분이 들어와 커피 한 잔을 뽑더니, 냅킨을 한 움큼 뽑아 뒷주머니에 쑤셔 넣었다. 보기에 민망했다. "저 할아버지 좀 봐. 커피 한 잔에 냅킨 한두 장이면 될 것을. 저렇게 하면 남의 것을 훔치는 거나 다름없는데…." 나는 혼잣말로 중얼거렸다. 그런데 옆에 같이 앉아 있던 아내는 "저 할아버지, 아침 이른 시간에 속도 비었을 텐데, 왜 커피만 드실까? 빵 살 돈이 안 되는 모양이지…"라고 하는 게 아닌가.

나는 노인의 행동을 율법의 눈으로 보았는데, 맵게 생활해 온 아내는 그 노인의 정경(情景)을 애린(愛隣)의 마음으로 본 것이었다. 잘못된 행동을 율법의 눈으로 보는 설교자의 눈보다는 한 인간을 애련(哀憐)의 눈으로 보는 마음이 더 아름다웠다. 나는 금방 동감하고, 아내에게 "저 할아버지, 우리 테이블로 모시고 오시오"라고 제의하였다.

오늘 창밖을 내다보니 어젯밤 사이에 눈이 많이 내려 있었다. 온 세계가 흰 눈으로 덮여 있고, 주차장에 가 보니 차들은 고구마처럼 눈에 파묻혀 있었다. 늘 지저분하기만 하던 내 차의 모습이 보이지 않고, 눈에 가려 흰색으로 빛나고 있었다.

　이제는 눈을 치울 기력도 없지만, 눈이 태양 볕에 녹아내리면 차의 지저분한 모습은 다시 드러날 것이다. 더럽고 지저분한 차는 흰 눈으로 덮을 것이 아니라 닦아야 한다. 곧 녹아내릴 하얀 눈으로 덮을 것이 아니라, 닦아내야 한다. 내 마음에 다가오던 도심(盜心)은 닦아낼 것이 아니라 깎아내야 한다.

　내가 남에게 들키기를 기대하고, 칭찬받기를 바라던 마음을 숨기고 했던 선행이 얼마나 될까? 탈율법(脫律法)적인 자기 개혁은 세상을 덮은 눈으로 이루어지는 것이 아니라는 것을, 이른 아침에 내린 서설(瑞雪)의 설심(雪心)에서 배운다.

- 2012년 겨울 아침에

시련 극복의 길

욥기 42:1-6

하박국 선지자가 소리 높여 하나님께 항변합니다.

"하나님이여, 내가 주께 부르짖어도 주께서 듣지 아니하시니 어느 때까지이니까? 내가 강포를 인하여 외쳐도 주께서 구원하지 아니하시나이까? 어찌하여 침묵하고 계시나이까? 선인이 고통하며 악인이 득세하여도 하나님은 어찌 방관만 하고 계시나이까?"

다윗이 사울 왕에게 생명이 쫓기고, 더구나 부왕을 반역한 아들 압살롬한테 생명을 쫓길 때, 다윗도 하나님께 부르짖습니다.

"하나님이여, 이 종을 영영 버리시나이까? 하나님께서 보고만 계시면 저들이 말하기를, 여호와 하나님을 믿는 다윗을 우리가 이겼다 하지 않겠나이까?"

세상을 살다 보면 정직한 자가 실패하고 부정직한 자가 승(勝)

하며, 의로운 자가 고통을 당하고 불의한 자가 형통하는 경우를 볼 때가 많습니다. 더구나 하나님을 믿으면 영생을 얻고 범사가 다 잘된다고 하는데, 믿지 않는 사람이 사업도 잘되고 부자로 살며, 오히려 믿는 사람은 배반당하고 실패하고 못사는 경우도 많습니다. 하나님이 계시다면, 의롭고 진리이신 하나님이 계시다면 으레 정의가 승리하고 불의가 쇠(衰)하여야 할 것인데, 세상이 이렇게 거꾸로 가고 이 모양이라면, '의로우신 하나님이 정말로 계시는가? 계신다고 하여도 하나님의 공의가 절대적인 것이 아니지 않는가?' 하고 묻지 않을 수 없습니다. 이러한 문제를 다루는 것을 신정론(神正論, Theocracy)이라고 합니다.

이러한 신정론에 대해서 인간은 사색(思索)과 철학, 이성적인 인과응보의 사상으로 대답을 찾으려 합니다. 권선징악(勸善懲惡)의 사상인 것입니다. 선을 권장하고 찬양하며, 악을 증오하고 배격하는 사상입니다. 이는 결국 도덕적인 해답입니다. 누군가가 병에 걸렸다 하면 그가 죄를 지었기 때문에 병에 걸렸다, 누군가가 사업에 실패했다 하면 그가 불의한 방법을 썼기 때문에 사업에 실패했다는 말을 곧잘 합니다.

그러나 성경은 모든 문제의 원인과 해결의 근거를 죄와 의, 선과 악에 두지 않고 하나님의 권세에 둡니다. 여호와 하나님에 대한 절대주권 사상입니다. 모든 병은 본래적으로 죄에 그 원인이 있습니다. 그러나 성경은 병에 걸렸다 해서 다 죄를 지어 그렇다고 하지 않습니다.

하나님은 첫째로 병(고통)을 징계의 수단으로 사용하십니다. 그런가 하면, 둘째로 하나님께서 하시는 일을 나타내고자 하실 때(요 9:1 이하, 날 때부터 맹인인 자), 셋째로 하나님의 영광을 나타내고자 하실 때(요 11:4, 병든 나사로의 죽음), 넷째로 하나님의 자비를 나타내고자 하실 때(눅 7:11-15, 나인 성 과부 아들의 죽음) 등에 고통을 사용하십니다. 따라서 인간은 스스로가 의로워서, 자신에게 책망할 일이 없어서, 또는 자기가 지은 죄가 없다 하여 하나님 앞에서 의롭다 할 수 없으며, 온전하다고 할 수 없습니다. 판단하시는 이는 오직 하나님이십니다(고전 4:4). 피조물로서의 부족함 자체로 인해 이미 하나님 앞에서 온전치 못한 존재인데, 어찌 내가 지은 죄가 없다 하여 하나님 앞에서 온전하다고 할 수 있을까요?

욥의 고통에 관해, 인간들은 신정론으로만 답을 찾으려 하는 어리석음이 있습니다. 욥의 고통에는 하나님의 두 가지 뜻이 내포되어 있습니다. 첫째는 욥의 부족을 책망하여 벌을 주시려는 것이 아니라, 사탄을 통하여 욥을 시험해(testing of faith, hardness test)보고 그의 부족을 깨닫게 하며, 둘째는 그의 부족한 믿음을 더 확호(確乎)하게 하시려는 뜻이 있음을 알 수 있습니다.

첫 번째 시험에서 사탄이 말합니다. "욥은 자기 일이 형통하니 하나님을 경배하는 것입니다. 그의 모든 소유물을 치소서. 그리하면 그가 하나님을 욕할 것입니다." 그러나 욥은 그의 모든 재물이

탈취당해도 이 모든 일에 범죄하지 아니하고, 하나님을 향하여 원망하지도 않았습니다(욥 1:11-22).

두 번째 시험에서 또 사탄이 말합니다. "이제는 그의 육체에 고통을 가하여 보소서. 그리하면 하나님을 대면하여 주를 욕할 것입니다." 하나님은 시험을 허락하시며 그의 생명은 해하지 말라고 경고하십니다. 욥은 그의 생명의 한계선에 이르기까지 육체적 고통이 와도 하나님을 원망하지 않고, 입술로 범죄하지 아니합니다(욥 2:5, 6, 10).

욥은 하나님이 사탄에게 내건 두 가지 시험에 모두 통과했습니다(pass). 그러나 그 시험에 통과했음에도 불구하고, 그의 재난은 여전히 회복되지 않습니다. 여기서 하나님께서 욥을 어떻게 여기고 계셨으며, 어디까지 시험하여 보시려는지를 엿볼 수 있습니다. 욥의 의는 하나님이 인정하여 주신 것이고 그렇게 여겨 주신 것이지, 욥 자신이 내세울 것은 아니었습니다. 욥기 1장 8절은 욥의 경건의 수준에 비길 만한 사람이 세상에 없었다는 말이지, 그가 하나님 앞에 온전하다는 것이 아님에 유의해야 합니다.

욥의 재난 소식을 들은 친구들(소발과 빌닷과 엘리바스, 그리고 엘리후)이 욥을 위로하려고 욥에게 달려왔습니다. 그러나 그들은 고통 중에 있는 욥을 위로하기는커녕, 오히려 욥에게 정신적·영적 고통을 가중시키기만 했습니다. 그들은 욥을 향하여 "죄를 회개하라. 너에게 죄가 없으면 어찌 이같이 엄청난 재난이 네게 닥쳐올 수 있단 말인가?"라고 말합니다. 신정론 사상의 교리 논쟁입니다.

욥기 1장에 나타난 그의 선행과 경건은 그에게 미칠 만한 자가 아무도 없을 정도였습니다. 거지, 과부, 고아, 나그네, 헐벗은 자, 잠자리 없는 무숙자 등, 누구 하나 그로부터 외면당하지 않았고, 그의 온정을 입지 않은 자가 없었습니다. 그는 가족과 자녀에 대해서도 철저하여, 집안의 잔치나 그 밖의 행사가 있을 때마다, 먹고 마시며 즐기는 장소에서 하나님 앞에 행여나 허물과 잘못을 저지르지 아니했나 하여, 가족의 명수대로 불러 놓고 반성하며 번제를 드려 성결을 도모했습니다. 이처럼 욥은 정말로 알려진 의인이요 선하고 경건한 사람이었습니다.

그런데 그 친구들의 위로는 "네게 죄가 없이 어찌 의로우신 하나님이 이런 벌을 네게 내렸겠느냐. 회개하라. 그리고 속히 정상을 회복하라"는 것이었습니다. 욥은 이러한 그의 친구들을 향하여 더욱 자신의 의를 주장하고 무죄를 더욱 항변하며 "너희는 다 재난을 주는 위로자들"(욥 16:2)이라고 규탄했습니다.

욥기는 총 42장인데, 장장 37장에 이르기까지 그의 친구들과의 끝없는 정죄와 변명과 교리 논쟁으로 이어집니다. 정죄하는 친구들의 교리의 예봉(銳鋒)이 꺾이지 않고, 욥의 항변의 바위가 부스러지지 않습니다.

욥은 그의 자녀들이 다 죽고 많은 재산이 소멸해 버렸음에도 불구하고 하나님을 원망하거나 부인하지 않았으며, 생명의 한계에 이르기까지 육신의 고통이 닥쳐와도 하나님을 부인하거나 욕하지 않았습니다. 그는 자기의 탄생을 탄식하며 부지중에라도 낙태되지 않고 세상에 태어난 것을 한탄합니다. '평강도 없고 안온도 없고, 안식도 없고 고난만 남았구나' 하고 탄식하면서도, "주여, 긍휼을 베푸소서!" 하며 자비를 구하지 않습니다. 사탄이 시험했던 것처럼 재물을 다 탈취당하고서도 하나님을 원망하거나 욕하지 않았으며, 그의 육체에 죽을 것 같은 고통을 받으면서도 하나님을 원망하고 욕하지 않았습니다.

욥은 사탄이 시도했던 시험에는 통과했습니다. 그러나 친구들 앞에서 자기의 죄 없음을 주장하면서도 하나님 앞에서는 자비를 간구하지 않았습니다. 전능자의 은총을 외면한 것입니다. 그의 친구들과 그 스스로가 생각하는 바대로 죄가 있든지 없든지, 전능하신 하나님 앞에서 자비의 간구가 없습니다. 오히려 항변이 있습니다. "어찌하여 의인은 넘어지고 실패하며, 악인은 잘살고 수(壽)를 누리며 세력이 강합니까?"(욥 21:7) 그러나 하나님은 대답이 없습니다. 이들의 끝없는 공방을 침묵 가운데서 지켜보시던 하나님이 욥기 38장 1절 이하에서 폭풍 가운데 욥에게 말씀하십니다.

"네가 나를 알았으면 얼마나 알았고, 네가 순전하다면 얼마나 순전하며, 온전하면 얼마나 온전하겠느냐? 내가 땅의 기초를 놓을 때 네가 그 옆에 있어 그것을 지켜보았느냐? 대답해 보아라. 네가 내 심판을 피하려 하느냐? 네가 스스로 의롭다 하여 나를 불의

하다 하느냐?(상대적 심판입니다.) 네가 하나님인 나처럼 팔(능력)이 있느냐? 나처럼 우렁찬 소리를 내겠느냐?"

욥은 하나님께 준엄한 추궁을 받습니다. 욥, 그에게 개체적 의는 있었으나 전능하신 하나님의 권능과 절대권에 대해서는 무지의 흠이 있었습니다. 욥은 자신의 의와 경건과 순전함을 그토록 주장하고, 하나님이 침묵하신다고 탄식하며, 왜 악인이 성(盛)하고 의인이 쇠(衰)하느냐며 자신을 변호하였습니다. 그러다 폭풍 가운데서 말씀하시는 하나님의 음성을 듣고서 하나님에 대한 자신의 무지를 깨달았습니다. 그는 하나님의 폭풍 같은 음성을 듣고서 비로소 하나님에 대한 자신의 무지를 깨닫고, 무지 속에서만 하나님을 보았던 자신의 죄를 회개합니다.

1욥이 여호와께 대답하여 이르되 2주께서는 못 하실 일이 없사오며 무슨 계획이든지 못 이루실 것이 없는 줄 아오니 3무지한 말로 이치를 가리는 자가 누구니이까 나는 깨닫지도 못한 일을 말하였고 스스로 알 수도 없고 헤아리기도 어려운 일을 말하였나이다 4내가 말하겠사오니 주는 들으시고 내가 주께 묻겠사오니 주여 내게 알게 하옵소서 5내가 주께 대하여 귀로 듣기만 하였사오나 이제는 눈으로 주를 뵈옵나이다 6그러므로 내가 스스로 거두어들이고 티끌과 재 가운데에서 회개하나이다 _욥 42:1-6

욥의 의는 그만하면 되었고, 그의 경건은 그만하면 인정될 만한 것이었습니다. 그럼에도 그가 받았던 의와 경건의 강도 실험(perseverance, hardness test)이, 하나님을 귀로만 듣던 것을 이제는 눈으로 보는 수준에까지 하나님을 알게 하려는 연단이었음을 알 수 있습니다. 백문(百聞)이 불여일견(不如一見)이라는 말처럼, 이제는 하나님을 직접 눈으로 보고 경외하게 하려는 하나님의 시험이요 연단인 것입니다.

> 나의 가는 길을 오직 그가 아시나니 그가 나를 단련하신 후에는 내가 정금같이 나오리라 _욥 23:10, 개역한글

욥은 자신의 의와 경건을 얼마만큼은 자부하고 있었으나, 하나님은 그의 경건과 의가 무지로 가는 길임을 아시고 그를 연단하셨습니다. 그래서 그는 귀로만 듣던 하나님을 눈으로 보는 것처럼 알게 되었습니다. 구약에서는 사람이 하나님을 눈으로 보면 두려워서 죽게 된다고 했습니다. 하나님은 욥이 눈으로 하나님을 보아도 죽지 않을 만큼, 정금처럼 단단한 신앙인이 되게 한 것입니다.

욥은 자기의 경건과 의로 그의 가족과 재산이 보호되고 유지된 것이 아니었음을 알게 되었습니다. 남과 비교할 수 없이 뛰어난 자신의 경건과 의에도 불구하고 자신의 재산과 가족이 다 무너지고 말았음을 알게 되었습니다. 자기의 선행과 경선의 노력으로는,

자아의 확신으로는 정금 같은 신앙이 축성되지 않으며, 하나님의 시험(연단, 강도 실험)으로 정금 같은 신앙이 축성되는 것입니다. 욥은 생명의 한계선까지의 고통을 시험하는 시련을 참아냄으로써 정금 같은 신앙인이 되었고, 그의 재물도 이전보다 두 배가 되도록 회복되었으며, 더 아름다운 자녀들도 갖게 되었습니다.

여러분, 지금 내게 다가와 있는 고통과 고난이 하나님의 시험인가 아니면 세상의 시험인가를 잘 검증하시기 바랍니다. 우리 한국어 성경에 '시험'으로 번역된 시험은 이해하는 데 혼돈이 되기 쉽습니다. 야고보서 1장 2절의 말씀 "너희가 여러 가지 시험을 당하거든 온전히 기쁘게 여기라"에서 시험으로 번역된 단어는 하나님이 우리의 신앙을 시험해 보는 시험입니다(testing of faith). 하나님이 욥에게 준 시험도 그의 신앙의 인내성의 강도를 테스트한 시험입니다. 우리는 이 시험을 통해서 인내력 있는 믿음을 갖게 되는 것이므로, 야고보 사도가 이런 시험을 만나거든 기뻐하라고 한 것입니다. 이러한 시험은 하나님이 주시는 시험입니다.

그러나 하나님께로부터가 아니고 세상에서 오는 시험이 있습니다. 이 시험은 세상의 여러 가지 정욕에서 오는 것으로, 우리의 믿음을 시험하는 것(test)이 아니라 유혹하고 넘어뜨려 신앙의 길에서 떨어지게 하려는 시험(temptation)입니다. 하나님은 어떤 다른 세력으로부터 시험을 받지도 않으시고 또 우리를 시험하지도 않으십니다(약 1:13). 예수님께서는 광야에서 사탄으로부터 시험을 받았으나, 그 시험은 우리가 세상에서 받는 시험이 아닙니다.

그러니까 한국어로 '시험'으로 번역된 이 시험이라는 단어는 하나님께로부터 오는 것이 있고, 세상 유혹으로부터 오는 것이 있습니다. 지금 내게 닥쳐와 있는 고통스러운 일들이 있다면, 이것이 어떤 시험인가를 성경을 통하여 검증해야 합니다. 내가 이겨내야 할 믿음을 단련하기 위한 시련인가, 아니면 어떤 세상 유혹을 물리쳐 버려야 할 일인가를 분별하고 결단을 내려야 할 것입니다.

우리는 그동안 그리스도인이라고 자부하며 욥과 같은 경건의 신앙생활을 해왔습니다. 그러나 주님을 귀로만 들어오지 않았는지 돌이켜 살펴보아야 하고, 또 한편으로 남을 교리적으로 정죄하여 오히려 재난을 주는 위로자는 아니었는지 자기 검증을 해 보아야 할 것입니다.

온갖 종류의 고철들이 섭씨 3천 도의 용광로에서는 녹고 제련되고 정제됩니다. 이 과정을 통해서 모든 불순물이 제거되고 쓸 수 있는 철로 정제됩니다. 우리 가운데 신비주의, 기복주의, 은사주의, 율법주의, 형식주의로 혼합된 퓨전 신앙들이 주님이 주시는 믿음의 고통스러운 시험을 통해서 제거되고, 피의 복음으로 돌아오는 정금과 신앙이 되기를 기도합니다.

그리스도의 향기

고린도후서 2:14-17

나의 좁은 견문(見聞)으로, 아마 화장품 업계에서 가장 앞서가는 나라는 프랑스가 아닌가 생각됩니다. 화장품 중에서도 특히 향수(Parfum)는 프랑스가 그 중 으뜸인 것 같습니다.

프랑스에는 이름 있는 화장품과 향수 브랜드가 많습니다. 랑콤(Lancome), 디올(Dior), 기라로쉬(Guy Laroche), 이브생로랑(Yves Saint Laurent), 샤넬(Chanel), 피에르 가르뎅(Pierre Cardin), 니나 리치(Nina Rich) 등입니다.

향수는 나뭇가지에서 채취된 향료로 만든다고 하는데, 그 향료는 아프리카에 있는 나무에서 채취된 것이 가장 좋다고 합니다. 프랑스가 향수 개발에 앞장선 것은 아마도 아프리카에 여러 식민지를 갖고 있었던 때문인 것으로 짐작됩니다.

오늘 이 헌신 예배를 주관하고 있는 마리아 선교회원 여러분은 모두 중년의 나이에 맞는 향수를 뿌리고 왔을 것입니다. 제가 작년에 이탈리아 베니스(Venice)에 갔을 때, 제 아내가 길을 가다가 어느 화장품 가게에 들어갔습니다. 참새가 어찌 방앗간을 그냥 지나치랴 싶었는데, 역시 화장품 가게가 있으니까 그냥 지나가지 않았습니다. 아내를 따라 들어갔는데, 수많은 종류의 향수들이 진열되어 있었습니다. 색깔도 어찌 그리 곱고 아름다운지, 한마디로 황홀하였습니다. 어떤 것은 눈으로 보기에 그렇게도 색깔이 고왔는데, 마개를 열고 향기를 맡아 보니 별로 좋지 않았습니다. 여러 개를 열어서 냄새를 맡아 보는 중, 하나가 유독 냄새가 좋았습니다. 눈에 띄는 색깔은 아니었는데도, 냄새가 좋아서 그것을 한 병 사 가지고 왔습니다.

향수는 몸이나 옷에 뿌리면 그것이 옷이나 피부에 스며들어, 색깔은 없어지나 향기로운 냄새를 풍깁니다. 색깔이 아무리 좋아도 냄새가 나쁘면 사람들이 찾지 않습니다. 모든 꽃에는 그 꽃이 가지고 있는 향기가 있습니다. 벚꽃에는 벚꽃의 향기가, 장미꽃에는 장미꽃의 향기가, 호박꽃에는 호박꽃의 향기가 있습니다. 이러한 향기가 있음으로 벌과 나비가 날아들어 향기를 즐기고, 생명의 전이(轉移)와 번식을 이룹니다.

그러나 모양은 아름다운데 향기가 없는 꽃도 있습니다. 인간이 손으로 만든 꽃, 즉 조화(造花)는 아무리 아름다워도 향기가 없습니다. 생명이 없기 때문입니다. 이같은 조화에는 벌이나 나비가 날아들지 않으며, 생명의 번식이 있을 수 없습니다.

우리 인간들에게도 사람의 향기가 있습니다. 장사꾼에게서는 장사꾼의 냄새가 풍겨 납니다. 사기꾼에게서는 사기꾼 냄새가 풍겨 납니다. 교수나 학자에게서는 학자적인 냄새가, 연예인에게는 연예인의 냄새가 있습니다. 이러한 사람의 냄새는 사람의 육체에서 발산하는 땀이나 분비물의 냄새가 아니라 각기 그 인격과 그 생활에서 풍겨 나는 냄새를 말하며, 이것이 곧 향기입니다. 좋은 향취는 눈에 보이는 것이 아니라 코를 통하여 모든 사람에게 좋은 기분과 상쾌함을 전해 줍니다. 당연히 그리스도인에게서는 그리스도의 향기가 풍겨 납니다.

길을 가는데, 도로 건너편 반대쪽에서 이쪽을 향하여 한 교인이 걸어오고 있었습니다. 길 건너편이니까 못 보고 지나갈 수도 있고, 못 본 척하고 지나쳐 가도 허물이 될 것도 아니며, 또는 서로 멀리서나마 눈이 마주친다 하여도 손 한번 흔들고 지나가면 되는 일입니다. 그런데 그 교인은 내 쪽을 향하여 보고 소리를 질러 나를 부르는 것이었습니다.

"주 목사님, 안녕하세요! 어디 가세요? 그 길 옆에 다과점이 있으니 거기서 차라도 한 잔 하시지요. 죄송하지만 거기서 좀 기다리세요. 제가 건너가겠습니다."

왜 이렇게 하는 것일까요? 자기가 좋아하는 향기를 맡고 싶어서 그러는 것이지요. 벌이나 나비가 꽃의 향기를 향해서 다가오는 것과 같은 일입니다.

그런데 이번에는 나와 같은 인도의 반대편 저쪽에서 또 다른 교인이 내 쪽을 향해 다가오고 있었습니다. 서로 마주 보고서 오고 있으니 안 마주치려야 안 마주칠 수가 없게 되었습니다. 그런데 그 사람은 나에게 가까이 왔을 때, 갑자기 넘어지는 척하더니 고개를 숙인 채 그냥 싹 지나쳐 가 버렸습니다. 나에게서 악취가 나기 때문이었을 것입니다. 더러운 냄새 나는 나의 손과 악수하기 싫었을 것이며, 그 냄새를 맡기 싫었을 것이고, 마주 대하기 싫었기 때문일 것입니다. 나는 분명히 손도 깨끗이 씻고 옷도 깨끗하고 단정하게 입고 있었으나, '나'라는 인간으로부터 더러운 냄새가 났기 때문일 것입니다

꽃에는 좋은 향기가 있어야 합니다. 인간에게도 좋은 향기가 있어야 합니다. 인간에게서 풍기는 좋은 향기는 곧 그리스도의 향기이며, 그리스도를 알게 하는 냄새입니다. 그 향기로 말미암아 복음이 전파되고 하늘나라가 확장되는 것입니다.

본문 고린도후서 2장 15절은 우리를 '그리스도의 향기'라고 말하고 있습니다. 어떻게 해서 우리가 그리스도의 향기인 것입니까? 사도 바울은 본문 14절에서 "항상 우리를 그리스도 안에서 이기게 하시고 우리로 말미암아 각처에서 그리스도를 아는 냄새를 나타내시는 하나님께 감사하노라"고 했습니다.

교회 다니는 사람들에게는 공통적인 냄새가 있습니다. 성경을 옆에 끼고 교회에 가고, 교회에 가서 예배드리고 찬송 부르며 기도하고 헌금도 합니다. 그러나 이러한 것들은 모두 교회에 다니는 사람들의 육체의 냄새입니다. 예수를 믿는 그리스도인의 인격의 향기는 아닙니다. 이러한 냄새들은 눈에 보이는 냄새이지, 코로 맡아 몸에 느껴지고 체험되는 냄새가 아닙니다. 눈에 보이기만 하는 냄새로는 사람은 물론이거니와 벌이나 나비도 날아들지 않습니다. 오히려 사람이나 벌과 나비를 현혹하기만 하는, 혐오스럽고 외식하는 냄새입니다.

냄새(향기)는 코로 맡아서 체험되어야 합니다. 이러한 냄새로 꽃이 번식하고 화단을 넓히는 것처럼, 교회에 다니는 사람들의 냄새도 생활에서 체험되는 냄새라야 전도와 선교가 되고, 새 생명의 전이가 이루어집니다. 진정한 그리스도의 향기는 본문 14절의 말씀대로 '항상', 즉 비가 오나 눈이 오나 바람이 부나, 괴로우나 즐거우나, 형편이 좋거나 나쁘거나, 그리스도 안에서 '이기게 하시고'(포괄적입니다), 즉 어떤 일은 이기고 어떤 일은 지고, 어떤 일은 잘되고 어떤 일은 잘 안 되고, 어떤 일은 도중에 포기하고 등등이 아니라, 동서남북 어디서나 각처에서 이기게 하고 그리스도를 알게 하는 냄새입니다.

그리스도 예수께서는 '항상 이긴' 분이었습니다. 멸시와 천대를 이기셨고, 핍박과 고난도 이기셨으며, 고통도 이기셨습니다. 물

위를 걸으시고 풍랑을 잔잔케 하시며, 죽은 자도 살리는 권세와 능력이 있으셨으나, 하나님 아버지의 뜻을 위해 온유하고 겸손함으로 압박과 멸시 천대를 이기셨으며, 죽음까지도 이기고 부활하사 영광의 빛을 찬란하게 비추신 분이었습니다. 놀라운 일이며 신비로운 일이었습니다.

홀로 사는 한 미망인이 아들 하나를 교육시키면서 근근이 살아갑니다. 그 아들이 대학에 진학하면서부터 그 여인의 살림은 더욱 어려워졌습니다. 연약한 여자의 몸으로 고된 일을 감당하며 힘겹게 힘겹게 살아갑니다. 곁에서 보니, 그 여인은 피로가 겹쳐 몸이 극도로 쇠약해져서, 치료도 좀 하고 휴식도 취하면 좋을 것 같은데도 언제나 밝게 구김살 없이 살아갑니다. 이웃에서 보는 사람마저 민망할 정도이지만, 무슨 힘으로 그렇게 살아가는지 알 수가 없습니다. 그 여인을 불쌍히 여겨 남몰래 도와주는 사람도 없는 것 같았는데, 그 힘들고 고된 현실을 잘도 이겨 나가고 있습니다. 그 여자의 삶은 정말로 비밀스러운 것이었습니다.

이웃의 한 여자가 말합니다.

"참으로 알 수 없는 사람이야. 아무리 생각해 보아도 별다른 뾰족한 수가 없는데, 어떻게 그렇게 살아갈 수 있는 것일까!"

그 여자의 삶에서 '항상 이기게 하는 그리스도의 냄새'가 은은히 풍겨 났기 때문입니다. 알고 보니 그 여인은 어느 교회의 여집사로, 늘 그리스도 안에 있는 사람이었습니다. 언제나 남모르는 시간에 하나님의 말씀을 묵상하고 기도하기를 게을리하지 않으며, 성경의 말씀대로 하기를 신실히 하며, 모든 일에 하나님을 믿고 의지하는 분이었습니다. 그 여집사는 그렇게 그리스도 안에 있으니 자기도 모르는 신비한 힘이 생겨서, 남들은 자기를 힘들게 보았지만, 그러한 모든 상황에서도 그는 기쁘고 즐거우며 감사하는 삶을 살아갔고, 이로써 그리스도를 알게 하는 냄새를 나타내고 있었던 것입니다. 이렇게 살아가는 모습이 그리스도를 알게 하는 냄새이며 그리스도인의 향기입니다. 이러한 모습을 보고서 그 향기를 맡고, 그 여인과 같은 처지에 있는 다른 어떤 사람이 그 여집사처럼 그의 수고와 짐을 지고 예수께로 나갑니다.

28수고하고 무거운 짐 진 자들아 다 내게로 오라 내가 너희를 쉬게 하리라 29나는 마음이 온유하고 겸손하니 나의 멍에를 메고 내게 배우라 그리하면 너희 마음이 쉼을 얻으리니 30이는 내 멍에는 쉽고 내 짐은 가벼움이라 하시니라 _마 11:28-30

그는 자신이 진 모든 짐과 수고를 예수께 가지고 나아와서 모두 내려놓았습니다. 예수 앞에 나가서 모든 짐과 수고를 내려놓았으니, 이제는 모든 것이 다 가볍고 쉬워지는 줄 알았는데, 예수께서 또 다른 멍에를 주시는 것입니다. 그런데 그 멍에를 메어 보니 그 멍에는 쉽고 가벼웠습니다. 세상에서 진 짐과 수고는 무겁고 힘든 것이었으나, 예수님이 주신 멍에는 지기 쉽고 또 가볍기도 했습니다. 알고 보니, 세상에서는 그 짐과 수고를 같이 져 줄 사람이 아무도 없었는데, 그 멍에는 예수님이 같이 져 주시는 것이었습니다. 그래서 멍에가 가볍다는 것을 알게 되었습니다. 그가 져야 할 멍에를 예수님이 사람의 눈에 보이지 않게 져 주시는 것을 보고, 그는 늘 하나님께 남들이 알지 못하는 감사를 드리며 하루하루를 살아갈 수 있었습니다. 이것을 모르는 다른 사람들은 그를 보고 강한 사람이라고 칭찬하며 대견스러워했습니다.

홀로 사는 그 미망인은 힘들고 어려운 가운데 짐을 지고 수고하는 것 같았으나, 예수께로 가서 예수님이 주신 가벼운 멍에를 메고, 쉽고 가볍게 세상을 살고 있었습니다. 이러한 삶의 능력과 비결과 여러 모습이 경건의 능력이며, 그리스도를 알게 하는 향기인 것입니다

사랑하는 마리아 선교회 회원 여러분! 여러분보다 세대가 훨씬 앞선, 머리가 희어진 나는 여러분을 사랑합니다. 좋아합니다. 여러분의 아름다운 용모와 세련된 모습들을 보면 참으로 기분이 좋습니다. 하지만 그러한 겉으로 나타나 보이는 냄새 없는 모습보다 여러분의 몸에서 풍겨 나는 그리스도의 향기를 더욱 흠모합니다. 꽃가루가 다른 곳으로 전이되어 꽃밭이 넓혀지듯이, 여러분이 지닌 그리스도의 향기로 인하여 구원받은 생명이 넓게 전이되어 주님의 나라가 확장되기를 바랍니다.

겉모양은 고운데 향기 없이 전도지를 들고 거리에 나서면 멋없는 꼴불견이 될 것입니다. 바리새인들처럼 가증스럽게 보이지 말아야 할 것입니다. 그리스도를 알게 하는 향기가 있어야 합니다. 본문에 기록된 바와 같이 항상 주 예수 그리스도 안에서 이기고, 그리스도를 알게 하는 향기를 각처에 풍길 수 있어야 합니다. 같은 냄새라 하더라도 그 냄새의 방향이 다를 수가 있습니다.

15우리는 구원받는 자들에게나 망하는 자들에게나 하나님 앞에서 그리스도의 향기니 16이 사람에게는 사망으로부터 사망에 이르는 냄새요 저 사람에게는 생명으로부터 생명에 이르는 냄새라 누가 이 일을 감당하리요 _고후 2:15-16

그리스도의 냄새가 어떤 사람에게는 생명에 이르는 냄새요, 어떤 사람에게는 사망에 이르는 냄새가 됩니다. 로마 황제가 해외 원정을 나가서 또 다른 영토를 확장하고 개선하여 성으로 돌아옵니다. 힘의 제국 로마의 패권 시대(Pax-Romana)에 시저는 가는 곳마다 영토를 넓히고 환성(還城)했습니다. 그의 개선 행렬이 로마 시 어귀에 접어들면 로마 시민들이 수많은 꽃다발을 들고 나와 개선하는 황제와 군인들을 환영하였습니다.

황제의 승전과 개선의 소식을 들은 백성들은 각 가정에서 승전을 환영하는 향을 피웠다고 합니다. 그때 그 꽃다발과 피운 향(香)

이 얼마나 많았던지 그 향기가 온 로마시에 퍼져, 그 행군 현장에 나가지 않고 집에 있는 사람들까지도 그 냄새를 맡고, 로마제국의 승리를 알고서 축제를 벌였다고 합니다. 이긴 자에게 다가온 생명의 냄새입니다. 그러나 그 전쟁에서 패하여 포로가 되어 끌려온 자들에게 개선을 환영하는 그 꽃의 냄새는 죽음의 냄새였습니다. 왜냐하면 그 개선의 입성 행군이 끝나면 끌려온 패전병(敗戰兵)들은 성(城) 밖에 끌려 나가 모두 죽임을 당했기 때문입니다. 이기지 못하고 패한 자들에게는 아름다운 꽃 향기도 사망에 이르는 냄새였습니다.

그리스도의 냄새가 그 냄새를 흠모하고 그 냄새를 감당하는 자들에게는 생명에 이르는 냄새이나, 그 냄새를 흠모하지 않고 감당하지 못하는 자들에게는 사망에 이르는 냄새입니다. 십자가에 못 박혀 죽으시고 부활하신 예수님을 따르기 위해서는 자신을 부인하고 자기 십자가를 지고 따라야 하기에, 이긴 사람은 그리스도를 알게 하는 향기를 드러낸 일로 인하여, 그날에 그에게 줄 생명의 면류관이 예비되었을 것입니다.

아름답고 청순한 아내요 어머니요 딸들이며 자매인 마리아선교회 회원 여러분, 이민 생활의 전선에서 얼마나 힘들고 고되며 고통스럽습니까? 그 짐과 수고가 얼마나 힘겹고 어려우십니까? 저분은 어떻게 그 어려운 역경을 헤치고 살아가는 것일까요? 예수를 믿는다는 것 외에는 별로 뾰족한 수가 없는 사람인데, 어떻게 저렇게 어려운 형편에서 밝고 명랑하게 살아가는 것일까요? 그 비밀을 간직하기 바랍니다.

그리스도 예수 안에 계십시오. 그리하면 예수께로부터 이기는 힘이 생겨날 것입니다. 그 힘이 곧 그리스도를 알게 하는 냄새요 그리스도인의 향기입니다. 예수 안에 있는 나에게 불순물(세상의 정욕, 예수 아닌 다른 세상의 것들)이 섞여 들어가면 이길 수도 없거니와 향기는 흐려지고 맙니다. 아름다운 예수의 향기를 항상 간직하기를 바랍니다.

냄새는 풍겨 나는 곳이 밝혀지지 않을 때 넓고 깊이가 있는 것입니다. 냄새를 찾아가게 하는 힘이 나타납니다. 그리스도의 향기, 그리스도를 알게 하는 냄새로 남은 생애를 아름답고 향기롭게 살아가시기를 바랍니다.

생명의 길

3년 동안 모는 것을 버리고 예수를 따르던 제자들의 마음이 근심과 염려에 잠겼습니다. 제자들과 만찬을 마치신 예수님께서 말씀하시기를 "이제 곧 나는 붙잡혀 가게 되고, 너희들은 더 이상 나를 따르지 못하게 될 것이다"라고 말씀하셨기 때문입니다. 그 가르침에 권세가 있고 그 행함에 능력이 있던 예수님이, 그럼에도 불구하고 붙잡혀 십자가에 못 박혀 죽게 되다니, 그렇게 되면 예수를 따르던 제자들은 그들의 기대와 소망이 물거품이 될 것이었습니다.

모든 가르침에 권세가 있고 그 행함에 능력이 있던 예수…. 예수님이 물 위를 걷고 바다의 풍랑을 잠재우며 오병이어의 기적을 베풀어서만이 아니었습니다. 무엇보다도 예수님은 안식일에 죽어가는 병자를 고치심으로 권세와 능력을 보이셨던 분입니다.

당시 율법의 시대에는 안식일에 일을 할 수 없었던 것은 물론이거니와 얼마 이상 길을 갈 수도 없었고, 집안에 필요 없이 켜져 있는 불을 끌 수도 없었으며, 또 불을 켜야 할 일이 있어도 불을 켜지 못하였습니다. 사람이 병으로 죽어간다 해도 의원이 그 병자를 돌볼 수 없는 때였습니다. 안식일에 일을 하거나 병자를 고치려면 돌에 맞아 죽을 각오를 해야 했습니다. 이러한 시대에 예수님은 안식일에 죽어가는 병자를 고쳐 살리시고, 상을 들고 집으로 돌아가라고 하였습니다. 안식일에 병 고치는 것에 시비하는 바리새인들에게, 예수님은 감히 "내가 안식일의 주인이다"라고 선언하시기도 했습니다.

그러한 예수가 그다지도 맥없이 붙잡혀 십자가에 못 박혀 처형당한다는 것은, 제자들로서는 믿을 수 없는 일이었습니다. 그러나 그들이 예수를 따르던 3년 동안 예수님의 말씀은 한 번도 진실이 아닌 것이 없었고, 능히 하지 못함이 없었고, 실언(失言)을 한 일이 없었습니다.

베드로를 위시해 제자들이 예수가 죽는 데까지 그를 따르겠다고 하였을 때, 예수님은 "베드로야, 네가 나를 죽는 데까지 따른다고 하였으나, 너는 닭이 울기 전(날이 새기도 전)에 나를 세 번 부인하리라"고 말씀하셨습니다. 그렇게 비장한 각오로 예수님을 따른다고 하였으나, 예수님 말씀대로 베드로가 정말 닭이 울기 전에

환하고 기쁜 표정으로
주 안에서의 평안을
보여 주는 주진경 목사.

예수님을 세 번 부인하게 된단 말인가, 그리고 제자들은 예수와
별리(別離)하게 된단 말인가, 이미 처자와 생업을 버린 지 3년이며
세상살이에는 낙오된 처지에 있는 우리가 더 이상 예수를 따를 수
없다면 이제 어디 가서 무슨 일을 하며 어떻게 살아갈 것인가, 하
고 염려되었을 것입니다.

　이러한 제자들의 마음을 읽으신 예수님이 말씀하셨습니다.

¹너희는 마음에 근심하지 말라 하나님을 믿으니 또 나를 믿으라 ²내 아버지 집에 거할 곳이 많도다 그렇지 않으면 너희에게 일렀으리라 내가 너희를 위하여 거처를 예비하러 가노니 ³가서 너희를 위하여 거처를 예비하면 내가 다시 와서 너희를 내게로 영접하여 나 있는 곳에 너희도 있게 하리라 ⁴내가 어디로 가는지 그 길을 너희가 아느니라

_요 14:1-4

예수님은 세상에서 살 곳을 염려하는 제자들에게 이같이 위로하셨습니다. 그러나 본문에 기록된 바와 같이 도마는 이렇게 말합니다.

"주님, 주께서 어디로 가시는지 우리는 알지 못합니다. 그런데 어떻게 주님이 가시는 그 길을 우리가 안단 말입니까? 주님의 아버지 집이 어디 있습니까? 3년 동안 주님을 따라다녔으나, 주님의 아버지 집에 가 본 일이 없습니다. 주님의 아버지 집이라면 나사렛 동네의 목수 아버지 집을 말하는 것입니까? 그곳에서 어찌 우리 열두 제자가 다 같이 살 수 있다는 말입니까? 주님은 평소에 우리와 함께 다닐 때 동가식서가숙(東家食西家宿)하면서, 여우도 굴이 있고 공중의 새도 깃들일 곳이 있으나 인자는 머리 둘 곳이 없다고 하지 않으셨습니까? 그런데 주님의 아버지 집이 어디 있다는 말입니까? 그 집을 모르는데, 우리가 어찌 주님의 아버지 집에 갈 수 있겠습니까?"

아마도 예수님은 도마에게 이렇게 말씀하셨을 것입니다.

"도마야, 내 아버지 집은 세상의 집과 같이 주소와 번지가 있는 집이 아니요, 주소를 가지고 지도를 따라 찾아가는 집도 아니다. 내가 곧 그 길이요 진리요 생명이다. 나를 따라오지 않고는 아무도 내 아버지 집에 올 자가 없다."

우리가 너무나도 잘 아는 요한복음 14장 6절 말씀입니다.

저는 우리 한민족이 박해받던 일제강점기(日帝强占期)에 어린 나이였는데, 그때 겪은 경험을 지금도 간직하고 있습니다. 누님들 중에 특히 저를 많이 사랑하던 누님이 산촌(山村) 어느 부잣집에 시집가서 집을 떠나간 뒤에, 저는 그 누님이 무척 그립고 보고 싶었습니다. 그 누님 집에 그렇게도 가 보고 싶었습니다. 그러나 열 살이 되지 않았던 나는 홀로 누님 집에 갈 수가 없었습니다.

누님을 그리워하던 중, 겨울방학을 맞았습니다. 방학을 하면 아버지가 저를 누님 집으로 데리고 가기로 약속이 되어 있었습니다. 저는 집을 나서서 앞서가시는 아버지 뒤를 졸래졸래 따라갔습니다. 어디만큼 가더니 버스를 탔습니다. 또 얼마쯤 가서 버스에서 내려 검은 연기를 뿜어 대는 기차를 탔습니다. 차표를 어디서 사며 얼마를 지불하는지도 몰랐고, 그저 아버지만 따라서 갔습니다. 기차로 달리는 중에 어렸던 저는 여로에 피곤하여 기차 안에서 잠이 들었습니다. 아버지는 지쳐 졸고 있던 저를 깨워 기차에서 내렸습니다. 기차에서 내리니 배가 몹시 고팠습니다. 아버지를 따라

시골 정거장 옆에 있는 장터의 어느 음식점에 들어갔습니다. 저는 국수가 먹고 싶었는데, 아버지께서는 소고기 장국밥을 사 주셨습니다.

벌써 하루해가 다 가고, 겨울의 시골 정거장 마을에 어둠이 깔리면서 추위가 몰려왔습니다. 저는 어린 마음에도 어설퍼지고 근심이 생겨났습니다. 아직도 누님 집에 도착하지 못했는가? 이대로 어두워지고 더 추워지면 어찌할꼬! 저의 걱정을 아셨는지, 아버지가 "애야, 걱정하지 말고 나를 따라오너라" 하셨습니다. 또 한 번 버스를 타고 어두운 시골의 신작로를 따라 얼마만큼 가더니 버스에서 내렸습니다. 버스에서 내렸을 때는 사면이 어두웠습니다. 어두운 길모퉁이에서, 누님이 등불을 켜 들고서 우리를 기다리고 서 있었습니다. 그렇게 그리워하고 오고 싶었던 누님 집에 들어가서, 저는 따뜻한 방의 아랫목에 맛있는 반찬으로 차려진 저녁밥을 먹고 곤한 잠에 빠져 꿈을 꾸었습니다. 누님 집을 찾아가며 아버지를 따라가는, 바로 그날의 꿈이었습니다.

아버지를 따라가는 길은 고달팠으나, 착하게도 저는 아버지를 잘 따라갔습니다. 피곤하여 차 안에서 잠이 들었을 때는 무한히 달리는 기차 안에서 종착역까지 잤으면 좋겠다는 생각이 들었으나 아버지가 깨울 때 깨어 일어났고, 자갈길 신작로를 걸어갈 때는 두 다리가 아파 도중에 주저앉아 쉬고 싶었으나 참고서 아버지 뒤를 따라갔습니다. 제가 배가 고파 밥을 사 주셨을 때 저는 국수가 먹고 싶었지만, 아버지가 먹으라는 소고기 장국밥을 먹어서 추위도 참아낼 수 있었습니다. 그리운 누님 집을 가면서, 나는 평소의 내 고집 같은 것을 버리고 아버지만을 열심히 따라갔습니다. 아버지가 그 길을 잘 알고 있었고(길), 그 길은 틀림이 없는 길(진리)이었으며, 아버지를 따르는 동안 내게는 보호와 음식(생명)이 있었고, 그리고 마침내는 휴식과 평안과 기쁨이 다가왔습니다.

싸우고, 시기하고, 욕심부리고, 병으로 고생하다가 죽어 이별하고, 배반당하고, 더러는 스스로 배신하고, 가난하여 굶주리고, 어둠에서 헤매고 하는 세상의 집과 같지 않은, 하나님 아버지 집에 가는 길은 오직 하나님의 아들이신 예수님만이 아십니다. 예수님이 길입니다. 그 길은 참된 길, 진리입니다. 그 길은 생명으로 인도하는 길입니다. 그러기에 우리는 그 길이요 진리요 생명이신 예수님만을 따라가야 하는 것입니다. 하나님 아버지 집에는 해와 달이 필요 없고, 스스로 밝고 광명하며 찬란한, 오로지 의(義)와 희락(喜樂)과 평강(平康)만이 있습니다.

예수님은 제자들에게 "누구든지 나를 따라오려거든 자기를 부인하고 자기 십자가를 지고 나를 따를 것이니라"(마 16:24)고 말씀하셨습니다. 길이요 진리요 생명이신 예수님이 가신 길은 고난의 길이었습니다. 이 길을 가신 예수님을 따르기 위해서는 먼저 자기 부인이 있어야 하고, 또 자기 십자가를 져야 합니다.

예수님의 뜻을 따르기 위해서는 나의 의지와 생각, 세상에서 얻은 지식, 더러는 명예나 권세들이 주님의 뜻과 배치될 때, 이런 모든 것들을 아낌없이 버려야 합니다. 육신의 생명과 재물도 희생해야 할 때가 허다합니다. 작은 일에서부터 큰일에 이르기까지, 예수님의 뜻과 다른 모든 것들이 내가 져야 할 십자가입니다. 나에게는 괴로운 일이지만, 하나님과 동행하기 위해서는 필수적인 요건입니다. 이것이 아버지 집, 천국에 갈 수 있는 필요 요건입니다.

예수를 믿지 않는 사람은 물론이거니와, 예수를 믿는 사람들 가운데서도 천국과 영생을 멀고 먼 미래의 것으로만 생각하고, 우선 피부에 와닿는 현실적인 만족과 쾌락, 안일만을 추구하는 사람이 많습니다. 그래서 많은 사람들이 이같이 자기부인과 자기 십자가를 져야 하는 길을 찾지 않고, 핍박과 고통과 어려움이 없는 편한 길만 찾습니다.

편한 길로 가는 문은 넓으며 찾는 사람도 많습니다. 그러나 이러한 길과 문은 누구나 다 가는 길입니다. 예수를 믿지 않고 따르지 않던 사람들도, 강도, 살인, 방화, 방탕, 음행, 증오, 배반, 시기, 질투, 거짓으로 속이고 빼앗고 죽이던 자들도 다 넓은 그 문으로 들어가나, 그 문 뒤에는 멸망의 불타는 심곡(深谷)이 있습니다.

정녕 하나님의 집, 예수님의 아버지 집으로 가는 길과 문은 좁고 협착하여 찾는 자가 적다고 성경은 말합니다. 세상에서 수고하고 무거운 짐 진 자들에게는 넓은 길과 넓은 문이 더 수월할 터이지만, 예수님은 오히려 이러한 자들에게 그들의 짐과 수고를 다 예수님 앞에 가져와서 내려놓고, 그 좁은 길과 좁은 문으로 들어가라고 말씀하십니다.

아담의 불순종과 불신앙의 죄로 인하여 죄의 성품을 가지고 태어나 스스로 죄짓고 사망의 늪에서 허우적거리며 표류하던 우리는, 하나님의 지극하신 사랑과 독생자 예수님의 은혜로 죄 사함을 받고 의인 된 신분, 곧 그리스도인으로서 하늘나라, 아버지 집을 향해, 내일을 바라보며 오늘을 살아가고 있습니다.

그리스도인, 곧 선하고 착하고 정직하고 진실하며, 주일에는 옷을 단정히 차려입고 자세를 가다듬고 근엄한 표정을 만들어가며 교회 문을 들어서는 의로운 사람이라고 세상에 알려진 우리는, 그 경건의 모양 속에 감추어지고 숨겨진, 하나님 앞에서는 숨길 수 없는 죄인 된 나를 발견하고 있습니까? 그렇게 정직하고 진실된 고백을 하고 있는지 자문해야 할 것입니다.

우리는 모두 좁은 문을 향해서 좁은 길을 걷고 있습니까, 아니면 넓은 문을 향해서 넓은 길을 수월하게 걷고 있습니까? 현명한 대답은 어리석어 보이고, 어리석어 보이는 현명한 대답은 복된 길에 있을 것입니다.

용서의 은총

마태복음 18:21-35

우리가 살아가고 있는 인간 사회는 징계와 처벌로 죄를 다스립니다. 어떤 사람이 과오를 범하거나 죄를 지었을 때는 일벌백계 주의로 벌을 가함으로써 죄를 다스리는 것이 통례로 되어 있습니다. 죄의 재발을 방지하는 데 기대를 두고 이 벌을 가하는 것입니다. 그러나 예수님은 처벌에 앞서 용서로써 죄를 다스리셨습니다.

처벌은 죄의 재발 방지에 기대를 두지만, 용서는 회개를 통하여 새롭게 태어나는 회복을 기대하는 것입니다. 본문의 몇 절 앞에 있는 마태복음 18장 15절을 보면, 예수님께서는 형제의 범죄를 다스릴 때 처벌보다 용서에 중점을 두고 가르치신 것을 볼 수 있습니다. 범죄한 자가 쉽사리 회개하지 아니하는 경우에도 그를 정죄하여 벌을 주기 전에, 신중에 신중을 기하여 죄를 회개하도록 노력할 것을 가르치고 계십니다.

본문에서 베드로가 예수님께 묻습니다. "주여, 형제가 내게 죄를 범하면 몇 번이나 용서하여 주리이까? 일곱 번까지 하오리이까?"

당시 그 사회에 큰 영향을 미치고 있던 랍비의 가르침에서는 죄를 세 번까지 용서하라는 것이 통례였습니다. 베드로가 당시 랍비들의 가르침을 모를 까닭이 없었을 터이니, 그가 예수님께 "일곱 번까지 용서하리이까?" 하고 물은 것은 예수님께 칭찬을 받고자 하는 마음이 있었기 때문이라고 보는 해석도 있습니다. 그러나 나는 아마 죄를 용서하고자 하는 마음이 랍비보다 베드로에게 더 많이 있었던 것으로 생각하고 싶습니다.

이렇게 물은 베드로에게 예수님이 대답하셨습니다. "일곱 번뿐 아니라 일곱 번을 일흔 번까지라도 할지니라." 일흔 번씩 일곱 번이라면 490번인데, 이것은 490이라고 하는 숫자에 의미가 있는 것이 아니라 무한정으로 용서하라는 폭넓은 뜻으로 이해함이 좋습니다. 일흔 번씩 일곱 번이라도 용서하라는 말은 완전히 용서하라는 더 깊은 영적인 뜻이 있습니다.

이 땅 위 인간들의 죄 용서는, 죄는 용서받을지 몰라도 그 흔적을 남깁니다. 그 용서가 완전한 용서가 되지 못하기 때문입니다. 어떤 사람이 범죄하여 재판을 받고 형을 살아서, 그 죗값을 다 치르고 풀려나 다시는 그 죄를 묻지 않게 된다 할지라도, 그 죄의 흔적은 남습니다. 그리고 그 죄의 흔적은 평생 그를 따라다니면서, 내면에서 그를 괴롭히고 외면에서 괴롭힙니다. 참으로 불행한 일입니다. 이것은 완전한 용서가 이루어지지 않았기 때문이며, 용서받음의 확신이 없기 때문입니다.

그러나 성경에서 말하는 예수님의 용서는 한 번 용서하면 흔적이 남지 않는 용서입니다. 완전한 용서요, 범죄 이전의 상태로 회복되는 것을 뜻합니다. 이렇게 죄 용서함을 받은 자에게는 다시는 정죄함이 없게 됩니다. 십자가 위에서 대속의 피를 흘리신 그리스도 예수 안에서의 생명의 성령의 법이 죄와 사망의 법에서 해방하였기 때문이며(롬 8:1-2), 그리스도께서 의롭다고 용서하신 것을 다시 정죄할 자가 없기 때문입니다(롬 8:33-34). 죄짓지 아니한 먼저의 상태로 회복되는 용서입니다.

예수님은 일흔 번씩 일곱 번이라도 용서하라고 하셨는데, 이 말씀에는 희년적인 의미도 있습니다. 안식년을 일곱 번(49년) 지나면 희년을 맞이하게 됩니다. 여러분이 이미 아시는 바와 같이, 희년의 의미는 완전한 해방과 자유입니다. 어떠한 이유로 매여 있었든 간에, 매여 있던 종은 풀려 자신의 가정으로 돌아가고, 남의 소유로 넘어갔던 토지도 원주인에게 돌아가며, 모든 빚도 탕감됩니다. 희년의 은총은 완전한 해방이요, 죄(빚) 이전의 자유(無價의 상태)로 돌아가는 것입니다. 일흔 번씩 일곱 번이라는 것은 이와 같은 희년적인 용서의 뜻이 내포되어 있습니다.

이 말씀에는 또 한 가지 측면의 중요한 뜻이 있습니다. 용서는 내 마음 먹기에 따라 그 과오를 덮어 주거나 불문에 부친다는, 그런 차원의 것이 아니라는 것입니다. 용서에는 대속의 의미가 있습니다. 용서한다는 것은 누군가의 범죄나 과오로 인해 발생한 의(義)와 진리와 선(善)의 손실과 훼손을 회복한다는 뜻인데, 이것을 회복하기 위해서 그 손실에 대하여 내가 대신 값을 치른다는 뜻입니다. 그 손분(損分)을 범죄자에게 배상시키는 것이 아니라, 손해를 당한 내가 대신 그 몫을 감당한다는 뜻입니다.

한 동네 청년이 우리 집 창문 옆에서 공 던지기 놀이를 합니다. 여러 번 그러지 말라고 일렀는데도 그 말을 듣지 않고 공 던지기를 하다가, 그만 유리창을 깨고 말았습니다. 그러나 그 사람이 고의로 그렇게 한 것이 아니라 놀다 그리한 것이니 어찌하랴 하며 그것을 용서하면, 그 유리창 값은 공을 가지고 놀던 청년이 물어내는 것이 아니라 내가 부담해야 하는 내 몫이 됩니다. 그 사람의 빚(죄)을 내가 진 것으로 담당하고, 내가 빚진 자(죄인)가 되어서 애통하고 기도할 때에 하나님의 사유하심의 은총이 임하게 됩니다. 이것이 진정한 용서입니다. 나는 용서하는 자가 되고, 범죄자는 자유하게 되는 것입니다.

용서가 어려운 것은 대속(代贖)성을 모르기 때문입니다. 말로는 용서하고 면전에서는 용서하였는데, 돌아서서 여전히 마음속으로 그를 정죄하게 되는 것은 용서받을 자가 치러야 할 죄의 값을 내가 치르지 않았기 때문입니다. 고로 용서에는 대속의 원리가 있어야 함을 알아야 합니다.

누가복음 17장 3-4절을 보면, 죄인이 회개하면 용서하라고 기록되어 있습니다. 여러 번에 걸쳐 베푸는 용서에는 회개에 대한 기대가 있다고 말씀드렸습니다. 이 말씀은 회개가 용서의 전제 조건이라는 말처럼 들리기 쉽습니다. 그러나 회개가 용서의 조건이 아니라, 용서받은 자의 회개가 없으면 그 용서는 효력을 상실하고 만다는 말입니다.

예수님은 우리 인간들의 죄에 대한 모든 빚을 먼저 다 치르셨습니다. 예수님은 우리가 아직 연약할 때에 경건하지 않은 자를 위하여 죽으셨고(롬 5:6), 우리가 아직 죄인 되었을 때에 우리를 위하여 대신 죽으심으로 죄를 용서하사, 우리에 대한 자기의 사랑을 확증하셨습니다(롬 5:8). 예수님은 우리가 의로워지기 전에 이미 십자가에 못 박혀 대속의 피를 흘리심으로 먼저 우주적인 죄 사함의 용서의 은총을 베푸신 것입니다. 그러므로 우리는 이미 용서받은 사람들입니다. 따라서 용서받은 인간들이 회개하고 예수를 구주로 영접하고 돌아오느냐, 즉 회개하느냐 회개하지 않느냐에 따라 그 은총이 유효하냐 유효하지 않으냐는 결정이 내려집니다.

본문의 23-35절은 용서받은 자의 회개를 검증하는 내용입니다. 주인에게 일만 달란트를 빚진 사람이 자기 주인으로부터 빚 일만 달란트를 탕감받았습니다. 그런데 그는 자신에게 백 데나리온(일만 달란트의 만분의 일도 안 되는 돈, 1달란트=6,000데나리온) 빚진 자기 동료를 찾아가 그 빚을 내놓으라고 괴롭혔습니다. 이 소문을 들은 주인이 그 종을 불러 일만 달란트를 다시 빚 지우고, 그를 가두어 버렸습니다. 자기 죄의 빚은 탕감받았으면서 자기가 받을 빚은 탕감해 주지 않았기 때문이며, 이는 곧 용서받은 자가 용서하지 않는 것에 대한 벌이 됩니다. 회개가 없는 자에 대한 용서는 이처럼 실효가 없습니다.

마태복음 6장에서 주님 가르치신 기도 중에 12절, "우리가 우리에게 죄지은 자를 사하여 준 것같이 우리 죄를 사하여 주시옵고"라는 구절의 해석은, 우리가 남의 죄를 사하여 주면 하나님도 우리 죄를 사하여 준다는 것으로 잘못 이해하기 쉽습니다. 여기에 나오는 죄(빚), 헬라어로 '오페일레마'(ὀφείλημα)라는 단어는 빚을 갚지 않거나 갚지 못하는 죄입니다. 나의 빚을 탕감받았는데 남의 빚은 탕감해 주지 않는 죄, 자기는 갚지 못하는 일만 달란트 빚을 탕감받았으면서도 자기가 받을 백 데나리온을 탕감해 주지 않는 죄입니다. 감사를 모르는 죄, 회개가 없는 죄, 은총에 대한 응답이 없는 죄를 말합니다. 용서에 인색한 사람이 앉았다 일어난 자리에는 풀이 나지 않는다고 합니다.

재작년 한국을 방문했을 때 들은, 조그마한 교회에서 있었던 이야기입니다. 아직 장로도 없고 권사도 없으며 교인이 약 40-50명쯤 되는, 착실히 성장하고 있는 교회에서 있었던 일입니다. 그 교회를 시무하던 목사님이 떠나고 다른 목사님이 새로 부임하여 왔습니다. 신임 목사가 그 교회에 와 보니 안수집사 한 분이 있었는데, 그는 모든 일에 충성스럽고 더할 나위 없이 열심이었습니다. 그런데 그 집사는 열심이고 충성스럽기는 하였으나, 생활은 경건하지 아니하였습니다. 술과 담배를 하는 옛 습관을 여전히 버리지 못하였고, 거칠기가 안 믿는 사람과 다를 바 없었다고 합니다. 그의 언행은 누가 보아도 믿는 사람이라고 보이지 않았습니다.

그런데 어느 날, 그 집사가 그 교회에서 가까운 술집에서 사업상의 일로 어떤 사람과 술자리를 벌이고 있었습니다. 자정이 가깝도록 술잔을 주고받으며 술을 마시고 나서 집에 들어갔는데, 집에가서 지갑을 술집에 놓고 온 것을 알았습니다. 그래서 바로 그 술집에 전화를 걸었는데, 자기 교회 담임목사가 전화를 받는 것입니다. 그 안수집사가 어이가 없어서 물었습니다. "목사님. 왜 거기 가계십니까?" 그 안수집사가 자기가 술 마시던 술집에 전화를 건다는 것이 취중에 그만 교회의 번호를 돌린 것입니다.

목사님이 의아해서 "집사님이세요? 내가 여기 있지 어디에 있겠습니까? 왠일이에요. 집사님?" 하고 대답하니, 그 집사 왈, "아-목사님도 거기 가세요? 목사님, 제가 업자들과 교제하느라고 거기서 손님을 대접하고 제 지갑을 거기에 놓고 왔어요. 그러니 목사님, 오실 때 제 지갑 좀 찾아 가지고 오세요. 제가 내일 아침 새벽기도회에 가서 받아 가겠습니다" 했답니다.

목사는 그 집사의 그런 생활을 알고 이미 있었기에, 어떤 면에서는 그 교회의 기둥과 같은 그가 회개하게 하려고 기도하던 중이었습니다. 그날도 교회에서 늦도록 기도하다가 그 전화를 받고, 기도를 마친 다음 자정이 가까운 시간에 곧바로 그 술집에 가서 안수집사의 지갑을 찾아 나왔습니다.

그런데 그때 마침, 그 교회의 한 여(女)집사가 식당 일을 마치고 밤늦게 귀가하는 길에 자기 교회 목사가 그 술집에서 나와서 차를 타고 떠나는 것을 뒤에서 보았습니다. 그 주일부터 이 소문이 삽시간에 온 교회에 퍼졌습니다. 목사가 심야에 홀로 술집에 갔다고 온 교회가 들끓기 시작했습니다. 그 소문으로 인하여 담임목사는 결국 쫓겨 나갈 수밖에 없게 되었는데, 문제의 장본인인 그 안수집사가 나서서 "누가 우리 목사님을 모략하느냐! 목사님을 모략하여 내쫓으려는 자가 누구냐! 당장 나오라. 교회에서 목사를 쫓아 내보내는 일이 어디 있느냐!"라며 막아섰습니다. 교회가 둘로 갈라져 싸움이 벌어졌습니다. 그 목사가 마지막에 한마디를 하였습니다.

"여러분, 나는 그날 저녁에 그 술집에 술 마시러 간 일이 없습니다. 제가 교회를 떠나고 안 떠나고는 별문제입니다. 그러나 제가 그 술집에 술 마시러 가지는 않았다는 것, 이것만은 믿어 주시기 바랍니다. 여러분이 제가 이 교회를 떠나기를 원하시면, 저는 떠나겠습니다."

그러자 목사가 술집에서 나오는 것을 보고 뒤따라가서 목사님이 차를 타는 것까지 확인한 그 여집사가 몇 사람을 데리고 그 술집에 가서 사실을 확인하였습니다. 그 결과 목사가 그날 밤 12시가 다 되어서 술집에 온 것은 사실이나, 술을 마시려고 온 것이 아니라 안수집사의 지갑을 찾으러 갔던 것임이 밝혀졌습니다. 누구보다 크게 충격을 받고 뉘우친 사람은 그 안수집사였다고 합니다. 모든 허물을 목사가 뒤집어쓰고 쫓겨날 위험까지 감당하면서, 자신을 올바른 그리스도인이 되게 하기 위하여 참고 회개하기를 기다려 온 목사님께 깊은 감동과 감명을 받고, 회개하여 신실하고 진실한 교회의 일꾼이 되었다고 합니다.

용서는 상대방을 자유롭게 하기 위하여 내가 상대방의 죄를 지는 일이며, 그 고난을 통해 상대방이 회개하여 죄인의 신분이 의인의 신분으로 회복되기를 참고 기다리는 고통입니다. 그의 죄를 내가 지고, 그가 아니라 내가 죄인이 되어 그와 나를 위하여 기도할 때 사하심의 은총이 임하며, 이것이 용서요 곧 중보입니다.

저는 지난 월요일 C교회 부흥회 첫날의 집회에 가서, 서울에서 이름이 알려진 J 목사님의 말씀을 듣고 많은 은혜를 받고서 돌아왔습니다. 로마서 8장 1-2절 말씀이 본문이고 정죄와 용서가 주요 내용이었는데, "정죄하지 말고 용서하라. 용서는 곧 기회를 다시 한번 주는 것이다"라는 요지의 말씀이었습니다. 부흥회를 개최한 그 교회의 현 상황을 조명하는 듯하여 깊은 생각을 하게 되었습니다. 용서의 적용에 앞서 용서의 본질에 대하여 교리적인 면을 말씀해 주셨더라면 더 감동을 주었으리라고 생각되었습니다.

만약 앞서 말한 그 작은 교회의 목사가 자기에게 닥쳐온 불명예스러운 오해를 해명하고자 자기의 결백을 밝히고, 그 안수집사를 회개시킨다고 불러다가 율법적으로 몰아세우고 야단을 치고 징계하였다면 목사가 자기의 결백은 밝혔겠지만, 그 집사는 아마도 십중팔구 그 교회를 떠났을 것은 물론이요 회개의 기회도 얻지 못했을 것이며, 귀한 한 생명이 멸망의 길로 가 버렸을지 모를 일입니다. 그 목사는 이 일로 인하여 더욱 존경을 받게 되었고, 그 교회는 소문난 교회가 되어 든든한 교회로 부흥했다고 합니다.

구원은 곧 대속이며, 대속은 곧 용서입니다. 잠언 19장 11절은 "노하기를 더디 하는 것이 사람의 슬기요 허물을 용서하는 것이 자기의 영광이니라"고 하였습니다. 하나님의 지혜를 따라 사는 사람, 용서의 지혜가 있는 사람에게는 무한한 칭송과 존경이 따를 것이며, 이것은 곧 십자가에 달려 보혈을 흘리고 우리의 죄를 용서하신 독생자 예수님, 하나님 아버지로부터 배울 일입니다.

세상에는 염치없는 사람들이 꽤나 많이 있습니다. 내가 죄인인가에 대한 스스로의 깨달음이 없고 고백도 없으면서 이러한 용서를 바라는 사람들이 있고, 또 이러한 사람들이 계명과 율법의 책을 들고서 용서하는 사람의 자리에 앉아 있기도 합니다. 하나님으로부터 용서를 받은 사람들이 이 세상의 용서도 받을 수 있고 또 용서할 수 있는 자리에 있을 수 있으며, 이것이 용서받은 나에게 주어진 은총입니다. 따라서 내가 하나님으로부터 용서받았다는 확신 없이는 남을 용서할 자격과 권리가 없는 것입니다.

높은 뜻 아래 사는 우리 모두는 하나님으로부터 용서받았을 뿐 아니라, 또한 우리에게 죄지은 자를 용서할 수 있는 특권도 누리는 하나님의 백성이요 자녀가 되는 기쁨을 가지고서 사시기 바랍니다.

나는 죄인이로소이다

누가복음 5:1-11

예수님은 성령으로 잉태되시고, 동정녀에게서 하나님의 아들로 세상에 태어난 메시아셨습니다. 그러나 이처럼 그의 백성 가운데 오신 하나님의 아들이며 메시아이신 예수님은, 그 이스라엘 백성들에게 한낱 나사렛 목수의 아들로 태어나 자란 목수로만 알려졌습니다.

그 당시 중근동, 팔레스타인 지방에서 목수와 양치기는 하층민의 직업이었습니다. 그러나 이같은 하층민에 속한 한낱 목수인 예수님의 가르침은 당시 이스라엘의 종교를 지배하고 있던 서기관이나 장로나 제사장의 가르침보다 더 권세가 있고 능력이 있었습니다. 그래서 예수님이 가는 곳마다 많은 사람들이 그 주변에 모여들어 가르침을 받고 병 고침을 받았습니다.

본문의 초두에 "무리가 몰려와서"라는 표현이 있는 것을 보면, 이때에도 게네사렛 호숫가에 와 계신 예수님의 주변에 많은 사람들이 모여든 것을 짐작할 수가 있습니다.

예수님은 이렇게 모여든 이스라엘 백성들에게 말씀을 가르치기 위하여, 마침 그때 호숫가에 배를 끌어다 놓고 그물을 씻고 있던 베드로에게, 그의 배를 육지에서 조금 떨어지게 띄워 줄 것을 요청했습니다. 많은 사람들이 모여든 호숫가의 언덕은 예수님께서 말씀을 전하시기에 장소가 적당하지 않았던 것 같습니다. 그래서 예수님은 베드로가 물에 띄워 놓은 배에 올라앉아 말씀을 전하셨습니다. 본문에서는 예수님께서 이때 무슨 내용의 말씀을 가르치셨는지를 밝히지 아니하여 알 수 없으나, 그 모여든 많은 사람들을 앞에 놓고 불과 몇 마디, 몇 분간으로 말씀을 마치지는 아니하였을 것입니다. 적어도 상당한 시간, 계속 말씀을 전하셨으리라고 생각됩니다.

이렇게 말씀을 마치신 예수님께서, 고기를 하나도 잡지 못하고 그물을 씻고 있던 베드로에게 "깊은 데로 가서 그물을 내려 고기를 잡으라"고 말씀하셨습니다. 평생 고기잡이로 살아온 숙련 어부(漁夫)인 베드로에게 고기잡이 경험이 없는 무명의 목수였던 예수님의 이 말씀은 황당했을 것입니다. 그러나 고기잡이의 명수인 베드로가 "선생이여, 우리가 밤새도록 그물질을 했습니다. 낮고 깊은 데를 가리지 않고 밤새도록 그물을 던졌으나 고기는 한 마리도 못 잡았습니다. 하지만 선생께서 깊은 데로 가서 그물을 던지라고 하니 한번 그대로 해 보겠습니다" 하고 그물을 던졌더니, 밤새도록 잡히지 않던 고기가 그물이 찢어지도록 잡혔습니다.

게네사렛 호수는 일조 관계로 밤에 물고기가 잡히고 낮에는 잡히지 않는데, 고기가 잘 잡히는 밤에 그토록 노력했어도 잡히지 않던 고기가, 고기가 잡히지 않는 낮에 예수님이 말씀하신 대로 깊은 데로 가서 그물을 던졌더니 많이 잡혔습니다. 베드로가 이것을 보고 예수가 메시아인 것을 깨닫고, 자기가 죄인임을 고백하며 그분의 제자가 되어 예수를 따랐다고 하는 베드로의 순종의 믿음에 대하여, 우리는 은혜로운 설교를 통해서 많이 들어 왔습니다.

서둘러 집에 돌아가려던 베드로는 예수님이 배를 다시 띄워라 하시니 그 말씀대로 다시 띄웠습니다. 고기잡이에 노련한 자기는 못 잡았지만 예수님의 말씀대로 하면 고기가 잡히리라 믿고, 자신의 실력과 경험을 고집하지 않고 예수님의 말씀에 순종하여 그물을 던져 많은 고기를 잡았습니다. 그러니 '순종과 헌신과 순종의 믿음을 배우자'라는 은혜의 말씀과 권면도 여러 번 들어 왔습니다. '순종의 헌신과 순종의 믿음'은 예수를 믿는 사람들에게 필수적인 요건입니다. 그러나 그 이전에 베드로의 "나는 죄인이로소이다, 나를 떠나소서"라는 고백의 이면을 살펴야 우리는 진정한 은혜를 체험하게 됩니다.

성경을 조금 더 깊이 연구하면, 베드로의 순종의 은혜를 새롭게 음미할 수 있습니다. 베드로는 밤새도록 배를 저으며 그물을 던졌다가 당기기를 거듭하였으나 고기를 한 마리도 잡지 못했고, 오히려 지치고 졸렸으며 옷은 젖었고, 배도 무척 고팠을 것입니다. 고기를 한 마리도 못 잡은 베드로 일행은 어서 그물을 정리하고 집에 돌아가 식사하고, 밤에 자지 못한 잠을 자며 휴식을 취해야 하는 처지였습니다. 그러한 베드로에게 배를 다시 호수에 띄우라는 예수님의 요청은 결코 달갑지 않았을 것입니다. 그러나 베드로는 많은 사람이 지켜보는 가운데 말씀을 전하려는 예수님의 요청을 거절할 수 없었을 것입니다. 그뿐만 아니라 예수님의 설교가 어서 끝나기를 기다렸을 것입니다. '남의 사정도 모르고 저분은 왜 이렇게 연설을 길게 하는 건가? 좀 빨리 마치지 않고….' 성격이 과격한 베드로는 몹시 불평스러웠을 것입니다.

드디어 예수님이 말씀을 마쳤을 때, 베드로는 "이제야 끝났군! 어서 배를 호숫가에 다시 대 놓고 집에 가야지" 했을 것입니다. 그러나 예수님이 그에게 깊은 데 가서 그물을 던지라고 말씀하십니다. 메시아이신 예수님이 민생의 문제를 간과하지 않는 것을 볼 수 있습니다. 베드로의 모든 사정을 아시는 예수님은 순종의 대가(代價)를 돌려주십니다.

이러한 예수님의 마음을 모르는 베드로는 또 한번 시험(試驗)에 직면합니다. '고기잡이 경험도 없는 한 전직(前職) 목수가, 이 호숫가에서 고기잡이로 잔뼈가 굵은 나에게, 그것도 고기가 잡히는 밤도 아닌 낮에 깊은 데로 가서 그물을 던지라고? 웃기네!' 베드로는 아마도 기가 찼을 것입니다.

하지만 이번에도 역시 많은 사람들을 앞에 놓고 감동시키며 가르치신 예수의 말을 듣지 않을 수 없는 상황입니다. 만약 베드로가 예수님의 말을 듣지 않는다면, 예수님의 체면은 말이 아닐 것입니다. 또한 고기를 잡아 시장에 내다 팔아 생계를 이어가는 베드로에 대한 평판도 나빠질 것입니다. 아마도 베드로는 속으로 '그래 봐야 안 잡힐 것이 뻔하나, 저분의 체면을 봐서 한번 던져 보자'라고 생각했을 것입니다. 그는 "선생님, 밤이 새도록 헛수고만 했지만, 그리 말씀하시니 한번 던져 보겠습니다" 하고 그물을 던졌습니다. 그랬더니 베드로가 던진 그물이 찢어지도록 고기가 잡힌 것입니다. 예상 밖으로 고기가 많이 잡힌 것을 보고 놀란 베드로는 "주여, 나를 떠나소서, 나는 죄인이로소이다"라고 하며 예수님의 발 아래 무릎을 꿇었습니다.

고기가 많이 잡힌 것을 본 베드로는 방금 전에 예수를 향하여 "선생이여"라고 하던 호칭을 이제는 "주여"라고 바꾸어 부릅니다. '선생'이라는 호칭은 예의상 사용하는 일반적인 경칭이나, '주'라는 호칭은 어떤 특별한 대상에 대한 존경과 숭배의 호칭입니다. 이것을 보면, 베드로에게 분명 어떤 내면의 변화가 있었음을 알 수 있습니다. 왜 그랬으며, 내면에 어떠한 변화가 있었기에 "주여, 나를 떠나소서, 나는 죄인이로소이다"라고 했을까요?

베드로는, 그가 밤새도록 못 잡은 고기를 예수님의 말씀대로 순종하였더니 많이 잡힌 것을 보고, 당장 예수님은 메시아요 어부인 자기는 죄인이라고 깨달을 만한 영적 수준의 사람이 아니었습니다. 베드로가 그물을 던진 것을 보면, 그가 즐거운 마음과 믿음을 가지고 순종하여 배를 다시 호수에 띄우고, 또 그물을 던진 것이 아님을 알 수 있습니다.

킹제임스(King James Version) 영어 성경을 보면, 말씀을 마치신 예수님은 그들이 썼고 있던 그물을 '모두'(nets, 복수) 던지라고 하셨습니다. 그러나 베드로가 던진 그물은 '하나'(net, 단수)였습니다 (불어 성경 La Bible에도 그렇게 번역되어 있음). 그러니 물론 고기도 한 그물에만 잡혔습니다. 베드로에게 '예수님의 말씀대로 하면 고기가 많이 잡히리라'는 믿음이 있었다면 그물을 다 던졌을 것이나, 고기가 잡히지 않을 것이 뻔한데 무엇 하러 헛수고를 하겠느냐 하고, 예수님의 체면을 위하여 그저 그물 하나만을 던졌을 것이라는 풀이가 설득력 있습니다. 베드로가 믿음으로 그물을 던진 것이 아니라 억지 순종으로 던진 것임을 알 수 있습니다. 그런데 막상 그물을 던지고 보니, 자기의 생각과는 정반대로 그물이 찢어지도록 고기가 많이 잡혔습니다. 그 순간 그는 저 많은 무리들이 따르고 좇는 예수를 경홀히 여긴 것을 뉘우쳤을 것입니다. 예수님을 속으로 불평하고 경망히 여겼던 것을 뉘우쳤을 것입니다.

'저 많은 사람들은 나를 보고 그 피곤한 상황에서 배를 띄워 주고, 어부로서의 경험을 내세우지 않고 순종하여 그물을 던진 겸손한 사람으로 여겼을 터인데, 사실상 나는 속으로 불평했고 예수님을 비웃지 않았던가? 저분이 어찌 그러한 나의 속마음을 모르겠는가? 남들이 나를 겉으로 보고 믿음의 사람, 순종의 사람이라 할 테지만, 저분 예수님은 나의 모든 내면을 저 깊은 물 속을 들여다보듯이 알고 계시리라! 내가 죄인임을 어떻게 숨길 수 있겠는가!' 베드로는 스스로 이렇게 생각했을 것이고, 이에 "주여! 나를 떠나소서, 나는 죄인이로소이다"라고 고백하지 않을 수 없었을 것입니다.

그렇습니다. 베드로는 '예수님은 그저 깊은 데로 가서 물고기를 잡으라는 일가견을 가진 분이 아니라, 저 호수의 깊은 데까지도 다 살펴 아시는 메시아가 아니신가! 불평하고 경홀(輕忽)히 여긴 내 마음속을 어찌 모르시겠는가!' 하며 순종과 믿음으로 포장된 자신의 억지 순종과 불신앙을 뉘우치고, "나는 죄인입니다. 나를 떠나소서"라고 두려운 고백을 한 것입니다.

예수님은 베드로의 겉으로 나타난 순종과 믿음의 모양을 본 것이 아니라, 그 속에 감추어진 죄인 됨의 고백을 들으시고 "무서워하지 말라. 이제 후로는 네가 사람을 취하리라(속에 감추었던 죄로 인하여 두려워하지 말라. 내가 네 자신을 정직하고 진실되게 고백한 너를, 고기를 낚는 어부가 아니라 사람을 얻는 사람이 되게 하리라.)"고 말씀하십니다. 베드로는 자기 자신을 고백하고 난 다음에 예수님의 부르심을 받고,

생업인 그물과 배를 버리고 예수님을 따랐으며, 종내 위대한 사도가 되었습니다.

오늘날 겉으로 나타난 믿음과 봉사와 헌신의 모양으로 자기의 신앙 인생의 터를 다지려는 사람들이 많이 있습니다. 그 속내는 알 수 없으나, 겉으로 나타난 겸손, 믿음, 봉사, 순종으로 잘 포장된 사람들이 적지 않습니다.

마태복음 23장에는 예수님이 겉과 속이 다른 바리새인과 서기관들을 일곱 번이나 저주한 내용이 기록되어 있습니다.

23화 있을진저 외식하는 서기관들과 바리새인들이여 너희가 박하와 회향과 근채의 십일조는 드리되 율법의 더 중한바 정의와 긍휼과 믿음은 버렸도다 … 24맹인 된 인도자여 하루살이는 걸러내고 낙타는 삼키는도다 25화 있을진저 외식하는 서기관들과 바리새인들이여 잔과 대접의 겉은 깨끗이 하되 그 안에는 탐욕과 방탕으로 가득하게 하는도다 … 27화 있을진저 외식하는 서기관들과 바리새인들이여 회칠한 무덤 같으니 겉으로는 아름답게 보이나 그 안에는 죽은 사람의 뼈와 모든 더러운 것이 가득하도다 _마 23:23-27

교회의 가르침도 올바로 고쳐야 할 것들이 있습니다. 어느 교회에서 제가 부교역자로 섬기던 때에, 그 교회의 담임목사로부터 '기도할 때는 큰 소리로 외쳐 기도하라'는 강요를 받은 적이 있습니다. 남들도 큰 소리로 따라 할 수 있도록 큰 소리를 내어 기도하라는 것이었습니다. 성경의 가르침은 그런 것이 아니었는데도, 또 자기는 그렇게 하지 않으면서도 부교역자인 나에게는 그런 강요를 하였습니다. 그러면서 와글와글 소리쳐 기도하는 교회의 뜨거운 모습을 보이자는 것이었습니다. 헌금할 때에도 남들이 볼 수 있도록 하라고 했습니다. 교회를 마치 무슨 쇼(show)장으로 여기는지, 전시 효과만 쫓아가는 목회자였습니다.

남에게 본을 보이라는 가르침도 중요하지만, 성경의 가르침이 더 중요하므로 나는 그 강요를 따르지 아니했습니다. 기도는 하나님과의 만남을 위한 것이요, 헌금도 하나님과 만남을 위한 일입니다. 그런데 하나님과 만나는 일을 사람에게 전시하려고 하는 것은 곧 바리새적인 거짓임을 깨달아야 할 일이었습니다. 신앙인들은 하나님과의 만남에 있어서, 경건의 모양 속에 숨겨지고 고백되지 아니한 죄를 정직하고 진실되게 고백하는 것이 경건의 능력을 쌓는 첫걸음임을 깊이 명심해야 할 것입니다.

우리 인간들은 육신의 몸을 입고 살아가는 동안 죄를 아니 지을 수가 없습니다. 우리가 죄를 지으려고 하여 죄를 짓는 것이 아니라, 죄가 육신(흙)으로부터 자꾸만 싹터 나오기 때문입니다. 죄가 이처럼 자꾸 싹터 나오는 것은 어찌 할 수 없는 일입니다. 이렇게 자꾸만 싹터 나오는 죄를 없애려면 거듭되는 죄를 자백함으로 죄사함의 은총을 끊임없이 입고 누려야 합니다.

한 번 회개하고 죄 사함의 은총을 입었으면 성령의 도우심으로 죄가 되살아나지 말아야 하거늘, 왜 죄가 자꾸 되살아나는 것일까요? 하나님이 인간을 지으실 때에 흙으로 지으셨습니다. 흙에서는 풀과 잡초가 계속 돋아나기 마련입니다. 이는 자연의 현상입니다. 따라서 농부는 계속해서 흙에서 돋아나는 잡초들을 뽑아내는 제초 작업을 해 나감으로써 그 밭을 깨끗이 유지할 수 있습니다.

"너의 몸은 성령의 전이라"고 말씀하셨습니다. 흙에서 잡초가 계속 돋아나듯이, 본래 흙인 우리의 육체에서는 죄의 싹이 돋아나기 마련입니다. 예수를 믿음으로 흙인 우리의 몸 안에 성령이 계시지만, 죄의 잡초는 계속 돋아납니다. 따라서 계속적인 회개(제초 작업)를 할 때에야 성령이 역사하시고 죄를 물리칠 수 있으며, 성결을 유지할 수 있습니다. 타인이 겉으로 보고 인정해 주는 경건의 모양 속에 숨겨져 있는 우리의 은밀한 죄와 허물을 정직하고 진실하게 고백하고, 신령한 부르심을 따라 경건의 능력으로 세상을 사는 그리스도의 제자요 자녀요 백성이기를 간절히 바랍니다.

사순절, 비탄의 은혜

갈라디아서 2:19-20

하나님이 직접 지으신 최초의 인간 아담과 하와가 하나님이 내리신 금령을 어기고 하나님께 범죄하였습니다. "선악을 알게 하는 나무의 열매는 먹지 말라 네가 먹는 날에는 반드시 죽으리라" 하신 하나님의 금령을 어기고, 선과 악을 알게 하는 나무의 열매를 믹음으로 하나님께 죄를 저지르고 말았습니다. 그 결과 아담과 하와는 에덴동산에서 쫓겨나 하나님과 분리되어, 여자인 하와는 잉태하는 고통과 해산하는 수고를 감내해야 했으며, 남자인 아담은 일용할 양식을 얻기 위하여 평생을 땀 흘리고 수고해야 했습니다. 이들은 모두 이처럼 수고와 고통을 감내하다가, 결국 하나님이 정하신 알지 못하는 때에 흙으로 돌아가게 되었습니다.

　신학적으로, 이같이 죄로 인해 하나님과 분리된 인간 육신의 수고와 고통의 삶을 죽음이라고 합니다. 하나님과 분리된 육신의 수고와 짐의 고통은 죽음과 같은 것입니다. 이러한 죽음을 가져오게 된 죄는 어떠한 죄일까요? '선과 악을 알게 하는 열매를 먹는 날에는 반드시 죽으리라' 하신 말씀을 믿지 않았으니 불신앙의 죄이며, '먹지 말라' 하신 것을 먹었으니 불순종의 죄입니다. 이 불신앙과 불순종이 인류 최초의 인간이 저지른 최초의 죄입니다. 이로 인하여 아담과 하와의 후손들은 숙명적으로 그 죄의 성품을 타고 태어나게 되었으며, 그 타고난 성품 까닭에 죄를 지으며 하나님과 단절된 죽음의 삶을 살아가게 되었습니다.

　죄의 성품을 따라 태어나서 죄 가운데 살던 우리들도 그리스도 예수를 믿고 거듭나기 전까지는 죽은 자들이었습니다. 에베소서 2장 1절 말씀은 버젓이 숨 쉬며 살아 있는 우리를 향하여 "죄로 죽었던 너희"라고 부르고 있습니다. 아담과 하와의 범죄는 분노, 음욕, 방탕, 증오, 탐심, 전쟁, 시기와 질투, 모략, 중상, 살인, 도둑질, 비난 등 온갖 죄를 불러들였으며, 당대뿐만 아니라 한 세대가 가고 또 다른 세대가 와도 여전히 죄가 존재하게 되었습니다. 하나님의 금령을 어겨 범죄한 아담의 후예들이 이 땅 위에 살고 있는 한, 이 땅 위에는 이같은 죄와의 전쟁이 끊이지 않습니다. 물론 이 세상에는 갈라디아서 5장 22절에 언급된 것과 같은 사랑, 희락, 화평, 오래 참음, 자비, 양선, 충성, 온유, 절제 등의 선한 성품의 열매가 있지만, 여전히 죄악이 있는 세상을 살아가는 일은 힘들고 고통스럽습니다.

첫째, 디모데후서 3장 12절의 말씀처럼 죄악 세상에서 경건하게 살고자 하는 자들에게는 핍박이 큽니다. 핍박은 견디기 힘든 것입니다.

둘째, 내가 지은 죄 까닭에 고통을 받습니다. 내가 지은 죄를 남들이 알고 지적하고 정죄하기 전에 먼저 나 자신이 내 죄를 고발하고 정죄합니다. 범죄한 내 안에 하나님을 알 만한 것이 있기 때문입니다(롬 1:19). 내가 지은 죄를 남이 모른다 해도 나 자신에게는 감추고 숨길 수 없습니다. 괴로운 일입니다.

셋째, 내 속에 숨겨져 있는 죄의 소원(창 4:7)과 갈라디아서 5장 19절에 기록되어 있는 하나님 나라를 받지 못할 육체의 현저한 소욕이 나를 죄와 사망으로 사로잡아 갑니다. 그래서 나는 사도 바울의 고백(롬 7:24)처럼 곤고한 자입니다.

넷째, 생육하고 번성해야 하겠기에 아이를 배고 낳아 기르는 고통과 수고를 겪어야 하며, 먹고살아야 하기에, 일용할 양식을 얻기 위해 이마에 땀 흘려 일해야 하기에 세상 사는 일이 힘듭니다.

마지막으로, 이스라엘 사람들은 하나님이 주신 땅에서 택한 백성으로 살아가는데, 이방인 로마제국이 그들을 억압하고 다스리니 괴롭고 힘듭니다. 이처럼 암울하기 짝이 없는 세월을 살아갑니다. 이 모든 것이 악한 세상을 사는 수고와 짐이며, 곧 죽음과 같은 고통입니다.

그런데 이러한 나에게 예수의 소문이 들려왔습니다. 그분은 물 위를 걸으며, 풍랑도 잔잔하게 한다고 합니다. 그분의 말씀을 들으려고 광야에 모인, 굶주려 허기진 5천 명도 넘는 사람들을 물고기 두 마리와 보리떡 다섯 개로 배불리 먹였다고 합니다. 더구나 그 예수라는 사람이, 당시는 안식일에 병자를 치료하면 율법에 의하여 돌에 맞아 죽기 마련인데, 그런 것도 아랑곳하지 않고 안식일에 병자를 고친다는 것입니다. 놀라운 권세와 능력을 가진, 진리와 의를 외치는 분이었습니다.

세상을 사느라고 수고하고 무거운 짐 지고 지친 나에게 그분의 말씀이 들려왔습니다.

28수고하고 무거운 짐 진 자들아 다 내게로 오라 내가 너희를 쉬게 하리라 29나는 마음이 온유하고 겸손하니 나의 멍에를 메고 내게 배우라 그리하면 너희 마음이 쉼을 얻으리니 _마 11:28-29

세상의 수고와 짐에 그토록 시달리고 있던 나는 이 예수의 외침을 듣고 예수께로 나갔습니다. 그분 앞에 나가려면 단정하고 깨끗한 모습으로 나가야 할 터인데, 나는 그러지를 못했습니다. 단정히 하려야 단정히 할 수 없었고, 깨끗이 하려야 깨끗하게 할 수가 없었습니다. 나는 염치 불고하고 내 모습 있는 그대로 예수께 나아갈 수밖에 없었습니다. 그러나 그러한 나를 보신 예수님은 아무말 없이 그대로 나를 맞아 주셨습니다.

내가 어릴 때, 할아버지가 마당에서 놀고 있는 나를 부르곤 하셨습니다. 할아버지의 부름을 받고 할아버지 곁으로 다가가면, 할아버지는 옷이 그게 무어냐, 손에 왜 그렇게 흙을 묻혔느냐, 공부는 안 하고 놀기만 하느냐며, 멀리 가지 말라고 나무라시던 기억이 납니다. 그러나 그보다 더 더럽고 흉하고 못된 모습으로 예수님께 나아간 나를 예수님은 말 한마디 없이 맞아 주셨습니다. 부끄럽고 추악한 온갖 죄의 짐을 지고 그 앞에 갔는데도, 부끄럽기 이를 데 없이 남루하고 누추하고 냄새나는 누더기를 입고 그 앞에 갔는데도, 더할 수 없이 무능하고 비천하고 부족한데도, 예수님은 꾸지람 한마디 없고 이렇다 저렇다 말 한마디 없이 자비와 자애로 나를 맞아 주었습니다. 마음이 온유하고 겸손한 분은 그런가 싶었습니다. 내가 예수님께로 갔더니, 그 능력 많으신 분이 "잘 왔도다. 세상이 힘들었느냐? 이제 내게 왔으니 나를 믿고 내 멍에를 메고 내게 배우라. 그러면 네 마음이 쉼을 얻으리라" 하셨습니다.

예수님의 멍에는 하나님의 말씀을 듣고 믿고 순종하는 일, 곧 "선악을 알게 하는 나무의 열매는 먹지 말라 네가 먹는 날에는 반드시 죽으리라" 하는 최초의 말씀을 믿고 순종하는 일이었습니다. "믿고 의지하라. 너를 내게 의탁하고 내게 맡겨라. 내 등에 업혀라" 하는 것이었습니다.

믿는다는 것이 무엇입니까? 믿는다는 것은 이성(理性)적으로 상대방을 수용하고 지적으로 동의하는 것이 아니라, 나를 그에게 의탁하고 맡기는 것입니다. 은행은 신용 기관입니다. 그러나 그 은행이 신용 기관임을 아는 것으로 되는 것이 아니라, 나의 돈을 가져다 맡길 때 비로소 은행과 나와의 관계가 성립됩니다. 그러므로 '믿는다'란 것은 나를 맡기고 의탁하는 것입니다. 내가 예수를 믿는다는 것은 곧 'Entrust myself upon Jesus Christ'입니다. 내가 예수를 믿는다면 내 인생의 전부를 전인격적으로 예수께 가져다 내맡기고 의지해야 합니다.

그래서 나는 예수께 나 자신을 의탁하여 그의 등에 업혔습니다. 이렇게 해서 나는 예수님이 어디로 가든지 예수님의 등에 업힌 채 따라가기만 했습니다. 따라가다 보니까, 그 능력 있고 권세 있으신 분이 바리새인의 장로와 서기관들의 하솔들에게 잡혀가는 것입니다. 진리를 외치고 의와 선을 행하시던 분이 무슨 잘못이 있기에 잡혀가는 것인지…. 예수님은 잡혀가서 가야바와 빌라도의 법정, 재판의 자리에 앉게 되었습니다.

그 등에 업혀 있는 내가 보아도 예수는 죄지은 것이 없었습니다. 다만 흠이 있다면 죄지은 나, 냄새나고 흉물스러운 나를 그 등에 업고 있다는 것 외에는 다른 흠이 될 것이 아무것도 없었습니다. 그들은 예수님께 온갖 죄목을 다 덮어씌우고 피가 나도록 채찍으로 때리고, 욕설을 퍼부으며 침을 뱉고 손찌검을 합니다. 그런데도 예수는 말이 없었습니다. "나는 죄가 없다. 내 등에 업힌

자가 불쌍해서 내가 그의 짐을 지고 있을 뿐이다. 때리려면 그를 때리고 죽이려면 그를 죽여라" 하고 한마디만 해도 될 것을, 예수는 끝내 말없이 모든 모함과 죄를 뒤집어썼습니다. 자신의 변호가 없으니, 법정은 예수를 죄인으로 인정하고 유죄의 판결을 선고합니다. "십자가에 못 박아 매달아라."

예수님의 양손과 양발에 못이 박힙니다. 무섭고 험상궂게 생긴 로마 병정이 길고 날카로운 창으로 예수의 옆구리와 심장을 깊숙이 찌릅니다. 그의 등에 업힌 나의 죄를 찌르기 위해 예수를 찌른 것입니다. 내 죄 까닭에, 나를 등에 업은 예수님이 창에 찔렸습니다. 그 창이 어찌나 길고 예리한지, 예수님의 몸을 지나 나의 심장 깊숙한 곳까지 와서 찌릅니다. 그 아픔, 처절함, 파토스….

2004년 사순절을 기해서 미국 전역에 방영되었던 영화 〈그리스도의 수난〉(The Passion of Christ)을 기억하실 것입니다. 그 비탄의 페이소스(파토스)를 상기하게 됩니다. 못에 박히고 창에 찔린 예수님의 몸에서 죄 없는, 맑고 깨끗한 용서의 붉은 피가 콸콸 흘러내립니다. 모든 오물을 씻어내리는 강물처럼 흘러내립니다.

나도 창에 찔렸으니 내 몸에서도 피가 흘러내립니다. 그런데 내 몸에서는 검고 찐득찐득한 죄의 피가 흘러내리는 것입니다. 예수님의 몸에서 콸콸 흘러내리는 피가 내 몸에서 흘러내리는 끈적끈적한 피를 씻어내렸습니다. "예수의 흘린 피 날 희게 하오니 귀하고 귀하다 예수의 피밖에 없네"(통일찬송가 184장).

나의 몸에서 검은 피가 다 흘러내려서 내 몸이 가벼워졌는지, 예수님이 십자가 위에서 일어서셨습니다. 그 등에 업혀 있던 나도 같이 일어섰습니다. 나는 나 때문에 죄 없이 죽으신 예수와 함께 죽고, 예수와 함께 다시 살아났습니다. 그리하여 하루의 시작인 새벽의 여명을 맞이하게 되었습니다. "구주와 함께 나 죽었으니 구주와 함께 나 살았도다"(통일찬송가 465장).

이제 곧 종려주일이 다가오고 고난 주간이 시작됩니다. 저는 희망의 봄을 맞으면서, 늘 이 봄과 함께 같이 다가오는 사순절에, 더할 수 없는 희망의 파토스에 은혜를 받습니다. 아담과 하와가 "반드시 죽으리라" 하신 말씀을 믿고 순종했다면 죽지 않고 살았을 것입니다. 마찬가지로 예수님이 죄인 된 나를 등에 업고 나의 죄 때문에 십자가에 못 박혀 죽으시고 다시 사셨다고 믿는다면, 그 등에 업혔던 나도 예수와 함께 같이 죽었다가 다시 사신 예수님과 함께 다시 산 것입니다.

이제 내가 육체 가운데 사는 것은 나를 사랑하사 나를 위하여 자기 자신을 버리신 하나님의 아들을 믿는 믿음 안에서 사는 것이라 _갈 2:20

우리가 이렇게 다시 생명을 얻었으면 주님을 찬양합시다.

예수님의 죽음은 어떤 죽음입니까? 온갖 고난과 수난의 죽음입니다. 죄 없이 정죄당하고, 매 맞고, 천대받으며, 침 뱉음과 욕설을 받고, 갈기갈기 찢긴 몸의 죽음이었습니다. 선악과의 금령을 어긴 아담과 하와가 죽었어야 할, "반드시 죽으리라" 하신 그 죽음은 이러한 수난의 죽음이며, 예수님 외에는 아무도 그와 같은 죽음을 죽을 수 없습니다.

우리 인간들의 죽음은 병들어 죽었거나, 교통사고로 죽었거나, 주려 죽었거나, 전쟁으로 죽었거나, 다른 어떤 사유로 죽었거나 간에, 이것들은 다 자연사(自然死)에 속합니다. 남의 죄를 속(贖)하지 못하며, 자기 자신의 죄마저도 용서받을 능력이 없는 죽음입니다. 불신앙과 불순종으로 인한 죄로 말미암아 반드시 죽어야 할 그 죄를 용서받을 죽음을, 오직 예수님이 대신 담당하신 것입니다. 우리는 죽는다 해도 그 죽음을 죽을 수 없으며, 그것도 예수님의 등에 업혀서야 죽을 수 있습니다.

여러분! 이 사순절에 우리가 정녕 그리스도와 함께 못 박혀 죽었는지 믿음을 다시 검증하고 확인하기를 바랍니다. 그것이 분명하다면 우리는 다시 산 것이며, 소망 가운데 세상의 수고와 짐을 헤치며 승리의 길을 가고 있는 것입니다.

이 새벽, 사순절 기도회 시간에, 그리스도와 함께 못 박힌, 한 어린 살아 있는 순교자가 있습니다. 올해 일곱 살짜리 저의 외손자 데이비드(David)입니다. 요즈음 제 딸이 서울로 출장을 갔기에 우리 내외가 그 아이를 데리고 있습니다.

이미 여러분이 알고 계시는 바와 같이, 어린아이는 자신의 의사와 의지, 결단이 분명합니다. 토요일은 이 아이에게 늦잠 자는 특혜가 주어진 날입니다. 그러나 제 어미가 없는 이번 토요일은 새벽기도회에 나가는 우리 내외와 같이 일어나야 했습니다. 이러한 예외적인 경우는 아이에게 미리 양해를 구해야 합니다.

우리는 저녁을 먹으면서, 내일 새벽기도회에 가야 하니 5시 20분에는 일어나야 한다고 예고했습니다. 그런데 손자 아이가 동의하지 않았습니다. 할머니는 자기와 같이 좀 늦게까지 자고 할아버지만 혼자 가면 되지 않느냐는 것입니다. 제 아내가 하는 말이 "할아버지는 할머니가 꼭 옆에 있어야 설교를 잘하신다. 그러니 너도 할머니 할아버지 따라가서 기도하자"였습니다. 엄마도 서울에 가 있으니 잘 다녀오게 해 달라고 같이 기도해야 한다고 말하고 잠을 재웠습니다. 금요일이면 늘 TV를 늦게까지 보곤 했는데, 그날 밤은 일찍 자리에 누웠습니다.

저는 새벽 3시에 깨어 일어나 새벽 설교를 준비했습니다. 화장실을 가고 세면을 하는 소리 때문에 데이비드가 잠에서 깨어났습니다. 나는 미안한 마음에 다시 자라고 했더니 안 잔다는 것입니다. 왜 그러냐고 물으니, 지금 다시 잠을 자면 도저히 새벽 5시 20분에 깨어 일어날 수 없으니, 새벽까지 안 자고 기다리겠다고 했습니다. 저는 이 어린 손자의 마음에 눈물이 글썽했습니다. 지금 저 끝 뒷자리에 앉아 있습니다. 그는 자기를 잠 못 자게 하고 괴롭게 하는 할아버지를 위하여 예수와 함께 못 박힌 것입니다. 그는 일곱 살 난, 살아 있는 순교자입니다.

여러분, 예수와 함께 못 박히는 살아 있는 순교자가 되시기를 바랍니다. 화려하고 빛나는 알려진 순교자보다, 이름 없고 수수하고 숨겨진 산 순교자가 되시기를 바랍니다.

우리의 현실 생활에서 우리는 어떻게 그리스도와 함께 못 박히는 것일까요? 이미 2천여 년 전에 한번 못 박히신 예수님이 다시 우리와 함께 못 박히기 위하여 오시지는 않습니다. 내 가정에서, 내가 섬기는 교회 안에서, 또는 나의 일용할 양식을 얻는 일터에서, 내가 거하고 있는 지역사회에서 나를 가장 괴롭히고 힘들게 하는 수고와 짐이 되는 부모, 남편, 형제, 자녀, 이웃, 회사의 상사와 동료 직원, 그리고 경쟁하는 이웃 가게를 위하여, 이 사순절에 그리스도 예수와 함께 십자가에 못 박혀 죽고 다시 사는 믿음의 정상을 체험하시기를 간절히 축원합니다.

펄럭펄럭
치렁치렁

내가 새벽기도를 그치지 않고 계속하는 것은 물론 신앙에 그 기조 (基調)가 있겠으나, 두 가지 이유가 있다.

첫째로, 예수님이 보이신 모범이기 때문이다. 예수님은 늘 새벽 미명에 기도를 드렸다. 예수님의 하루는 가르치고, 병자를 찾아가 고치고, 복음을 전하는 것이었다. 그러는 동안 하루가 저물었다. 일상이 그러하니, 새벽이 아니면 기도할 시간을 찾을 수 없었다.

우리 인간들의 일상은 어떠한가? 피곤이 다 풀리기도 전에 일어나 새벽길을 재촉하여 가게에 가서 문을 열고 고객을 맞이한다. 시장에 가서 야채와 생선을 준비해야 하고, 벌써 세탁소 문 앞에 와서 기다리고 있는 손님을 맞이해야 한다. 의자에 앉아서 여유 있게 점심을 먹을 겨를이 없다. 일용할 양식을 얻는 일을 위해, 이렇게 일상이 바쁘게 돌아간다. 그러니 새벽에 기도할 시간이 없다고 핑계를 찾는 데 익숙하다. 그러나 사실상 새벽에 기도하지 않고 그날의 일을 시작하면 그 일에 밀리고 파묻혀 하나님과 만나는 시간을 찾을 수 없다. 하루 일이 끝나면 곤비한 몸을 이끌고 집에 와서, 저녁 먹고 신문을 읽다가 잠들고 다음 새벽을 맞이한다.

우리 일상은 순간순간 하나님과 동행하는 것이어야 한다. 그런데 일상이 이렇게 바쁘고 여유가 없으면 실상 신앙생활이란 찾아볼 수 없고, 겨우 주일 한두 시간 형식적인 의식에만 참여하는 것뿐이게 된다. 예수님이 새벽에 기도하신 것은 이처럼 통상적인 이유로도 설명될 수 있는 모범(模範)이다.

둘째로, 새벽기도는 첫 시간을 드린다는 데서 최고의 제사성(祭祀性)이 있기 때문이다. 제2의 아담인 인간들은 하루 양식을 얻기 위하여 하나님이 아름답게 지으신 삶의 터전을 달리고, 치닫고, 통탕거리고, 내뱉고, 구르고, 내딛고, 덜거덕거리고, 망가트린다. 이렇게 겨우 하루 양식을 얻을 무렵이면 피곤을 더 못 참고 자리에 눕는다. 무책임하게도 자기의 휴식을 찾아 침상에 누워 호흡을 한다. 그것은 밤이 된 까닭이다.

대체 그 귀한 생명을 누구에게 맡겨 의탁하고, 이렇게 무방비하고 무책임하게 태평한 숨을 내쉰단 말인가? "저녁이 되고 아침이 되니…"(창 1:8 등), 졸지도 않고 주무시지도 않는 하나님은 이렇게 날이 저물었다가 아침이 되는 동안, 그렇게 망가지고 훼손된 채

무책임하게 내팽개쳐진 우리의 생명과 삶의 터전을 새롭게 재창조하시고, 다시 우리에게 안겨 주신다.

가나안을 찾아 광야를 건너가던 이스라엘 백성들 중에서, 피곤하지만 이른 새벽에 장막을 헤치고 밖으로 나온 자들만 아침에 내린 생명의 양식 '만나'를 얻을 수 있었다. 해가 나온 다음에는 그 만나를 더 이상 찾을 수 없었다.

하나님께서 인간에게 내리신 자산(資産) 중에서 시간은 저장하고 잘라 나누어 주고 유산으로 물려줄 수 있는 가변, 가용의 재산이 아니다. 다만 하나님의 뜻에 따라 살아가는 삶으로 채워, 제물로서 드리는 수밖에 없는 자산이다. 그중에서 새벽 시간의 기도는 내 삶으로 드리는 가장 첫 번째 제물이요 제사이다.

구약의 제사법에서 무슨 제사이든지 간에, 제물은 첫열매, 첫새끼 같은 첫 소산으로 드리게 되어 있다. 새벽 시간은 인간이 드릴 수 있는 것 중에서 부자든 가난한 자든 누구든지 드릴 수 있는 최상의 첫 제물이다. 두툼한 물질의 제물보다 더 거룩한 제물, 곧 삶을 드리는 제사인 것이다. 이러한 새벽 시간을 드리지 못하면 그날 하루 드릴 수 있는 최상의 제물을 상실하고 말게 된다.

오늘도 새벽기도회에 나갔기에 공원을 한 바퀴 도는 기회가 주어졌다. 크루아상(croissant) 한 쪽과 같이 먹는 새벽 커피의 향미는 일품이다. 이렇게 같이 기도한 이웃들과 공원을 한 바퀴 돌며 땀으로 등을 적시는 것이 아름다운 교제가 되어, 심금에 새겨지고 몸에 채워진다. 걷다가 뛰다가, 아무래도 행보가 느리고 둔한 나는 다른 이들에게 뒤처지고, 그들의 뒷모습을 바라보며 따라가게 된다. 나를 제치고 앞질러 가는 젊은 여자의 머리채가 펄럭펄럭 치렁치렁, 운치 있게 좌우로 흔들리며 춤을 춘다. 오른발과 왼발이 번갈아 앞으로 나갈 때마다 머리채가 좌우 양쪽으로 펄럭인다. 치렁치렁하다는 표현이 적합한 것 같다. 머리채가 좌우로 펄럭이고 치렁거리는 것은 몸이 그 머리를 지탱하고 있기 때문이다.

머리채가 펄럭이는 것을 보며 푸른 새벽하늘을 우러러보니, 바람에 펄럭이는 태극기가 보인다. 국기 게양대(揭揚臺)에 태극기가 바람에 펄럭이고 있다. 높다랗게 게양된 태극기의 깃발이 바람에 확 펼쳐져 펄럭이다가, 바람이 잦아들면 밑으로 축 늘어졌다가, 다시 바람에 날려 펄럭인다. 만약에 게양대가 꺾여 버린다면 깃발이 저렇게 기상(氣象) 있게 펄럭이지 않을 것이다. 한 나라에서 국민의 주권의식, 그 정신으로부터 우러나온 애국하는 마음이 없으면, 국토와 민족이라는 깃발은 펄럭이지 못하고 휘날리지 못할 것이다.

공원을 걷다 보니, 공원 주변에 우거진 갈대숲이 바람에 날려 전후좌우로 소요(逍遙)하고 있었다. 바람에 날려 쓰러질 것같이 휘청거리며 소요하는 갈대들을 보면서, 프랑스 철학자 파스칼의 말을 상기하였다. "인간은 생각하는 갈대이다." 인간은 생각에 중심을 두고 생존한다는 것이다. 조금만 더 깊이 생각하면, 인간의 생각, 곧 '자기의 생각'으로 생존을 유지해 간다는 것은 지극히 위험하기 짝이 없는 일임을 알게 된다. 그 생각이란 게 심히 불완전하기 때문이다. 그러니 오늘날 그 불완전한 인간의 생각조차 뒤로 제치고 기계의 생각을 좇아가는 현대인의 인생은 얼마나 불안한 세대인가!

다행히 인간은 갈대로되 생각하는 갈대이다. 그리고 진리요 의(義)이며 평강이신 하나님으로부터 오는 그 생각과 뜻은 우리 생각과 뜻과 다르다. 그리스도 예수가 우리의 중심이요 생명의 축(軸)이기 때문에, 아침 공원의 산책길에서처럼 우리 인간들의 생각의 머리채가 좌우로 펄럭펄럭 치렁치렁 할지라도, 계절풍(季節風)과 같은 이 세상속(世上俗)을 달려갈 수 있음을 하나님께 감사하는 것이다.

- 2013년 7월 9일(화), 몽당연필 주진경

사시세월

四時歲月

벌써 가을, 나뭇잎들이 짙은 단풍으로 물들어가고 있다. 세월이 가고 오는 것이다. 세월이란 무엇인가? 영어로는 세월을 'Time and Tide'라고 한다. 땅이 혼돈하고 공허하며 흑암이 깊음 위에 있고, 그 수면 위에 운행하시던 하나님이 "빛이 있으라" 하시니 빛이 있게 되었다. 모든 것의 생존을 위한 질서의 시작이었다. 하나님은 이때에 하늘과 땅, 궁창의 자전과 공전을 이루게 하시고, 낮과 밤, 날과 달, 연한을 이루시고 징조와 사시(四時)를 정하셨다.

세월이란 이와 같은 모든 것들의 총칭이다. 오늘날 인간들은 이같이 하나님이 이루어 놓으신 모든 것들의 섭리를 과학이라는 노력으로 알아내려 한다. 이 세월은 하나님이 지으신, 우리 인간 생존에 가장 기본적인 역체(域體, essential sphere)이며, 하나님께서 인간에게 주신 자산(資産)의 일부이다.

하나님께서 인간에게 주신 다른 모든 것은 한정된 소유가 가능하다. 저장할 수도 있고, 떼어 나누어 줄 수도 있고, 더러는 버릴 수도 있다. 그러나 세월은 그와 같이 처분 가능한 소유로 주신 것이 아니라, 나의 삶으로 채우고 누리도록 주신 자산이다.

세상 사람들은 흘러가는 세월 속에서, 땅 위에서 열심히 일하고 땀 흘려 일하여 얻어지는 가시적·물질적 분깃으로 그 삶의 성취를 가늠한다. 농부는 봄에 밭을 갈고 씨를 뿌린다. 추수의 계절, 가을에 소망을 두고 한여름의 수고와 고통을 감내한다. 새벽에 나가 밤늦게 돌아오며 1년을 보낸다. 부지런히 또 열심히 일하며, 남을 속이지 않고 남의 것을 탐내지 않으며 정직하게 일한다. 그리고 가을에 즐거운 추수를 하고, 풍성한 수확에 흐뭇해하고 만족한다. 만족스러운 수확은 보람 있는 즐거움이다. 하지만 그것은 없어지고 사라질 것에 대한 물거품과 같은 즐거움이다.

하나님께서 내게 주신, 소유와 처분이 불가능하게 주신 세월이라는 자산 가운데서 나의 수고와 노력으로 즐거운 소득이 이루어지는 동안, 세월이라는 자산을 주신 하나님을 내가 얼마나 발견하고 만났느냐 하는 것이 가시적 소유보다 더 중요하다. 이 사실을 깨달아야 한다. 하나님이 주신 시간과 공간 안에서 일천 번의 쟁기질과 삽질을 하고 천 리의 들길을 걸었다면, 그동안 나는 주님 앞에서 몇 번이나 머리를 숙였으며, 또 주님을 만나려고 찾아 달

주님을 만나고
전하기 위해
인생을 살아간
주진경 목사와 사모.

려간 거리는 몇 리(里)나 될까? 나는 창조주이자 나의 구주이신 하나님을 얼마나 발견했으며 만났는가!

　세상 사람들은 세월이 지나간다고 말한다. 그러나 이 지나가는 세월은 붙잡을 수도 없고 멈추게 할 수도 없으며, 그 속도를 빨라지게 혹은 늦어지게 조절할 수도 없다. 성경은 이러한 세월을 '날아간다'라고 말한다. 날아가는 것처럼 빠른 세월을 살면서 세월의 주관자이신 하나님을 만나는 일은, 세월이라는 자산을 가장 값있게 누리고 많은 수확을 가져오게 하는 인생의 지혜이다.

하나님이 주신 대지와 공간은 미련하고 패려하고 우둔한 인간들이 세상을 살아가면서 밟고, 달리고, 찢고, 부딪히고, 내던지고, 내뱉고, 무책임하게 깔아뭉개고 북새통을 이루는 동안 피폐해지고 만신창이가 된다.

"저녁이 되니 아침이 되니라…."

망가지고 만신창이가 된 대지(大地)는 밤이 되고 아침이 되는 동안 하나님의 손길 안에서 깨끗하고 새롭게 재창조되어, 우둔한 우리에게 다시 안겨진다.

사랑의 하나님은 하나님께서 새로이 재창조하신 새벽의 첫 시간에 조잡한 인간들이 찾아오기를 바라시고, 찾아오는 것을 기뻐하신다. 그래서 그리스도인들의 새벽기도는 천혜의 은혜를 누리는 지혜임을 깨달은 사람들의 소중한 몫이다. 새벽잠이 달고 단 만큼, 그것을 버리고 새벽을 깨운 사람들에게는 천혜의 은총이 말할 수 없이 깊고 풍성하다.

80여 평생 새벽을 깨워 온 나는 새벽에만 누릴 수 있는 천혜(天惠)의 정적과 싱그러움에 마음껏 감사하며, 임의로 처분 불가한 자산을 주신 하나님께 새벽을 깨우는 지혜를 주신 것을 무한히 감사하며 하루를 보내고 새날을 맞는다.

새벽을 깨워 이 황무한 땅을 기경(起耕)하자. 그 위에 하늘로부터의 신령한 이슬과 단비가 풍성히 내려앉을 것이다. 저물어가는 가을의 인생 마라톤, 새벽을 깨워 달리자.

2부
—

온 세상
위하여

주님의 절묘하신 부르심

거기서도 전도하리라, 막 1:35-39

제가 아는 장로님을 통하여, 작은 교회를 목회하는 한 초면의 젊은 목사로부터 어떤 요청을 받았습니다. 그 젊은 목사는 논문을 쓰면서 공부하는 가운데 작은 교회를 섬기고 있는데, 어려움이 많았다고 했습니다. 목회도 제대로 안 되고 공부도 제대로 안 되고 있으니, 그 작은 교회를 도와 같이 목회를 하자는 요청이었습니다. 이러한 내용의 요청을 여러 차례 받고는, 당시 뉴욕에서 제법 큰 교회로 손꼽히는 교회의 부교역자 자리를 떠나, 사례도 없는 그 작은 교회에 부임했습니다.

한인들도 별로 살지 않는 구석진 곳에 위치해 있던 그 작은 교회는 중국 교회를 빌려 예배를 드리고 있었습니다. 주일예배를 오전 9시에 시작해 10시 반에 마치고, 다음 중국 사람들을 위하여 예배당을 비워 주어야 했습니다. 이런 상황에서는 교회가 성장할 수 없었습니다.

저는 이 교회에서 공동 사역을 담당하면서, 교회를 한인 밀집 지역으로 이전하고 지역 전도에 힘쓰면서, 해를 넘겨 첫 번째 부활주일을 맞이하였습니다. 1998년 4월 11일 토요일에 교회를 새로 이전하고, 다음 날 부활주일에 학습과 입교할 분과 세례 받을 분들의 문답을 마치고, 점심 때가 되어 집으로 돌아가는 길이었습니다. 사택과 교회 사이의 길은 너무나 익숙했습니다. 그런데 언제 어디서 달려왔는지, 두 미국인 젊은이가 탄 새 차가 내 차의 우측을 들이받았습니다. 내 차는 4-5미터나 떠받혀 밀려 대파된 채 가로수에 부딪혀서야 멈췄고, 저는 인근 주민의 신고로 노스 쇼어 (North shore) 병원 응급실에 입원했습니다.

그때가 점심시간에 가까운 11시 40분경이었는데, 나는 병원에 입원하여 오후 5시가 넘을 때까지 각종 검사와 진찰을 받았습니다. X-Ray를 찍고, 호흡을 측정하고, 혈압과 맥박을 재고, MRI 촬영을 하는 등 정밀 검사까지 받았는데, 의사가 사고는 대단했으나 신체상의 손상은 없다고 했습니다. 상처 하나 나지 않고 신체 내외부에도 아무런 손상과 이상이 없으니 집에 돌아가되, 밤에 열이 나거나 두통이 생기면 좋지 않은 증상이니, 밤이 지나기를 기다리지 말고 즉시 병원으로 달려오라고 하였습니다.

그러나 나는 그날 밤 염려했던 것과 같은 증세가 조금도 나타나지 않았고, 오히려 잠을 잘 자고 새 아침과 부활절을 맞이했습니다. 물론 타박상이나 상처 같은 것도 없었습니다. 충격으로 인한 심한 통증은 있었으나, 부활주일에 큰 무리 없이 예정대로 예배를 인도하고, 성찬식도 은혜롭게 집례하고, 매일 아침 새벽기도회도 평상시와 조금도 다름없이 실시하였습니다.

이후로도 성경공부, 심방, 수요일 밤예배, 구역예배 등 여러 사역을 엄청난 교통사고와 아무런 관계 없이 진행하였습니다. 이것을 보고 교인들이 "주 목사님은 인생을 다시 한번 산다" 이렇게 말했습니다. 죽을 가능성 100퍼센트의 사고에도 불구하고 이토록 무사한 것을 위로하는 말이었을 터이지만, 그 말들이 내 귀에는 '제2의 인생을 다시 산다면 다시 사는 인생의 무대도 새로 바뀌어야 하지 않겠는가?'라는 말로 들려왔습니다. '교회도 많고 목사도 많은, 모든 것이 풍부한 이 뉴욕이라는 도성을 떠나, 새롭게 제2의 인생을 바칠 새로운 곳으로 가야 하는 것이 아닐까?' 목사로서 제2의 인생을 산다면, 무엇보다 복음이 절실하고 갈급한 곳으로 떠나가야 할 것 같은 마음이 가슴을 채워 갔습니다.

그런데 저는 그 사고가 나기 바로 전에, 아프리카 선교지에서 프랑스로 돌아와 스위스와 이탈리아 국경을 이루고 있는 알프스 산 계곡에서 목회하고 있는 아들(주다니엘 목사)의 목회 현장을 약 3주 동안 방문하고 돌아왔습니다. 그때 근육통을 치료하면서 그동안 쌓여 있던 우편물들을 보던 중에, 기독신문에 난 색다른 광고를 보았습니다. 내용인즉 "우리는 목사님이 필요합니다. 목사님을 보내 주세요. 침소는 해결됩니다"라는 것이었습니다. 내가 그 광고를 본 것은 이 이색적인 광고가 난 지 거의 3개월이 지난 때였습니다.

그 무렵 새벽기도회에서는 마가복음을 묵상하고 있었습니다. 그런데 어느 날의 본문, 마가복음 1장 38절의 "우리가 다른 가까운 마을들로 가자 거기서도 전도하리니 내가 이를 위하여 왔노라"는 말씀이 제 마음에 와닿아서, 내 관심을 끌었던 광고를 낸 곳에 전화를 걸었습니다.

"당신들이 목사를 찾는 광고를 보았는데, 그래, 그동안에 목사님이 왔습니까?" 하고 물었습니다. 그랬더니 그쪽에서 "아직 안 왔습니다"라고 대답하기에 다시 물었습니다. "그러면 언제 목사님이 오기로 했습니까?" 그들이 답했습니다. "아닙니다. 여기 오실 분이 아무도 안 계십니다. 왜 전화하셨습니까? 혹시 목사님이신가요? 그러시다면 지금 전화 거시는 목사님이 오십시오." 그래서 제가 말하기를, "한 교회의 목사를 청빙하는데 알아볼 것은 조금 알아보고 설교도 한번 들어 보고 해야지, 어떻게 목사를 그렇게 마구잡이식으로 청빙합니까?" 했더니 그쪽에서 대답했습니다. "그러시면 목사님이 한번 다녀가시지요."

그 말을 듣고 위치를 물어 보니, 지도에도 잘 나타나지 않는 텍사스와 멕시코 국경 리우그란데(Rio Grand) 강변의, 인구 약 3만의 작은 국경 마을이었습니다. 지역과 위치를 확인하고 그곳 형편을 알아보고 나니, '거기서도 전도하리라' 했던 저로서도 선뜻 뉴욕을 떠날 마음이 일어나지 않았습니다. 이 살기 좋은 뉴욕, 책방도 많고 부흥회나 세미나도 많고, 식당도 많고 해외 나들이 하는 내방객들도 만나기 쉽고, 교회도 많고 목사도 많은 곳, 이러한 곳을 떠나 70을 바라보는 나이에 미국의 아프리카라고나 할 무덥고 척박한, 한인도 살고 있지 않은, 외롭고 황무한 곳으로 간다는 것이 쉽지 않았습니다. 그래서 미루고 미루어 오던 중에, 벌써 5월 말이 다가왔습니다.

제2의 인생 무대를 찾아 "거기서도 전도하리라" 하고 새벽에 기도하던 중의 결심이 무너져 가는 것을 깨닫고, 나는 한 달 반이나 지나 버린 1998년 5월 30일 토요일에 텍사스(Texas) 국경을 향하여 비행기를 타고 떠났습니다. 댈러스(Dallas)에서 국경으로 날아가는 소형 비행기로 갈아타고, 뉴욕 라과디아 공항을 떠난 지 5시간 반 만에 국경 마을 델리오(Del Rio)의 시골 비행장에 내렸습니다. 그 비행장 사옥은 마치 옛날 시골의 버스 정류장 같았고, 구멍가게 같기도 했습니다. 아직 5월인데도 지면에서는 후끈거리는 열기가 올라왔고, 아스팔트는 눅진거렸습니다.

주민들은 대부분이 멕시코인들이고 한인은 세 가정뿐이었으며, 미국인과 결혼한 여자 몇 사람이 있었습니다. 작은 소읍의 거리에는 멕시코 음식점들이 대부분이고, 맥도날드와 버거킹이 각각 하나씩, 그리고 중국음식점이 하나 있었고, 주유소와 모텔, 에어컨 수리 집 등이 많았습니다.

그다음 날 주일(1998. 5. 31)에는 오후 1시에 300명 정도 수용할 수 있는 미국장로교회 예배당을 빌려 예배를 드렸습니다. 로마서 12장 1-2절의 말씀을 본문으로 산 제사에 대하여 말씀을 전하였습니다. 300명을 수용할 수 있는 예배당 안에 달랑 여섯 명이 앉아 예배를 드리는데, 300명을 앞에 놓고 하는 것보다 여섯 명을 앞에 놓고 하는 설교가 더 어렵다는 것을 실감했습니다. 그날 밤에 그 분들이 마련한 숙소에서 잠을 자면서, 그 분들이 광고에 낸 "침소는 해결됩니다"라고 한 말의 뜻을 알 수 있었습니다. 목사가 필요하나 사례를 넉넉히 하기 힘드므로, 생활을 자비로 어느 정도 해결할 수 있는 목회자를 찾는 것이었습니다.

나는 주일예배를 인도하고 그 밤을 국경 마을에서 보낸 뒤, 다음날 월요일에 뉴욕으로 돌아오고 말았습니다. 나이도 많아 70을 바라보는 나의 형편으로는 그곳에 갈 엄두가 나지 않았습니다.

비행장에서 그 분들이 "오시겠습니까?" 하고 물었습니다. 나는 그 자리에서 가지 못한다는 말을 할 수 없어서 뉴욕에 돌아간 다음 전화로 알려 주겠다고 하였으나, 실상은 거절할 심산이었습니다. 뉴욕으로 돌아온 후 그 생각은 잊어버리기로 했고, 날짜도 여러 날이 지나갔습니다. 그렇게 일단 끝난 일로 생각하고 있는데, 그 새벽에 받은 말씀이 계속하여 머릿속에 떠오르고 마음속을 메우고 있었습니다. "거기서도 전도하리라."

나의 제2의 인생이 갈피를 못 잡고 방향을 정하지 못하고 있었습니다. 그러는 사이 6월 하순에 접어들었습니다. 텍사스의 국경 마을 델리오에서는 전화가 몇 번 걸려 왔습니다. 묵묵부답한 채로 지내다가, 6월도 다 지나고 7월에 들어섰을 때, 나는 전화를 걸었습니다. 무슨 대책이 선 것도 아닌데, 전화기에 대고 "이제 곧 그곳으로 가겠다"라고 말하였습니다. 무슨 힘엔가 몰려 그런 전화를 걸어 놓았으니, 이제는 보따리를 싸서 들고 델리오로 가야만 했습니다.

하지만 저는 그러고도 새로운 제2의 인생 무대인 목회지를 향해 곧장 떠나지 못했습니다. 왜 떠나지 못하고 있었던 것일까요? 여러 가지 여건과 조건이 맞지가 않았습니다. 이 나이에 기본 체력도 약한 내가 그곳의 기후를 이겨낼 수 있을까? 모아 놓은 돈이 있는 것도 아닌데, 생활비에 대한 대책도 없이 무작정 어떻게 그곳으로 떠나간단 말인가? 모든 조건이 다 불리하였으나, 사실은 생활비가 가장 근본적인 문제였습니다.

이런 상황에서 나는 예수님이 제자들을 전도에 내보내면서 하신 말씀(마 10:10; 눅 9:3; 막 6:8)을 상기하였습니다. "두 벌 옷이나 전대나 주머니를 갖지 말라." 너무나 잘 알고 있고, 성경공부 시간에도 그렇게 가르쳤고, 설교도 그렇게 하지 않았던가! 내가 가르치고 설교할 때는 그렇게 말하고서는, 막상 그러한 상황이 내게 다가오니까 내 입으로 가르치고 설교한 그것을 실천하지 못하고 있었습니다. 한마디로 주진경 목사는 믿음이 없거나 믿음이 약한 목사였습니다. 목사인 나는 땅끝까지 복음을 전해야 한다면서도 이러한 믿음이 없음을 깨닫고, 탄식에 탄식을 거듭하지 않을 수 없었습니다.

복음을 전하는 주의 종으로 부름을 받았다고 확신하고, 잘되어 가던 프랑스의 삶을 접고, 인생의 방향을 돌이켜 온갖 고통스럽고 비천한 과정을 겪었습니다. 막상 복음을 전해야 하는 절박한 필요에 직면하여서는, 부르심에 따르지 못하고 있는 내 모습을 돌이켜 보니 서글프기 한이 없었습니다.

그 무렵 새벽기도회에서는 요한복음 11장으로 넘어가고 있었습니다. 여기에서 나는 하나님의 부르심의 오묘함을 다시 한번 깨닫고, 나의 소명에 대해 다시금 새롭게 확신할 수 있었습니다. 하나님의 부르심과 그 일은 하나님이 인도하시고 주장하시고 도우시므로 되는 것이지, 결코 인간 개인의 의지나 능력이나 실력이나 신념으로 되는 것이 아님을 다시 한번 체험하였습니다. 아무리 하나님의 부르심이 분명하고 그 확신이 뚜렷하다 하여도, 실제로 일이 성사되는 것은 하나님의 인도하심으로 말미암는 것이지, 인간의 의지와 능력으로 되는 것이 아닌 것임을 깨달았습니다.

요한복음 11장은 나사로의 이야기로 시작됩니다. 나사로가 병들어 죽게 되었다는 소식이 예수님께 전해졌습니다. 예수님은 나사로를 살리러 다시 유대로 가자고 제자들에게 말했습니다. 그러자 제자들이 "선생이여, 이제도 방금 거기서 우리를 돌로 치려고 했는데 또 그리로 가다니요! 돌로 맞아 죽을지도 모르니 유대로 다시 가지 맙시다"라고 말했습니다. 이때에 예수님이 말씀하기를 "때를 놓치지 말고 죽은 자를 살리러 가자"라고 하십니다. 죽은 자를 살리러 가자 하니, 제자들로서는 예수님을 따라갈 수밖에 없었을 것입니다. 이때에 도마가 이렇게 말합니다.

··· 우리도 주와 함께 죽으러 가자 ··· _요 11:16

"우리가 죽은 나사로를 살리러 가신 예수님을 따라갔다가 돌에 맞아 죽으면, 예수님이 우리도 살려 주시지 않겠는가! 우리도 예수와 함께 죽으러 가자."

도마의 이 말은 예수를 빈정대는 것이라고 해석하는 성경 학자도 있으나, 저는 이 말을 도마의 믿음으로 받아들이고 싶습니다. 예수님이 나사로를 살리러 가셨듯이 국경 마을에서 말씀에 갈급하여 죽어가는 세 가정을 살리러 가신다면, 주진경 목사도 예수님을 따라가야 하지 않겠는가!

새벽 강단에서 이 말씀에 도전을 받고, 날이 밝자 "7월 10일에 가겠습니다"라고 일자까지 정하여 즉시 텍사스에 전화하였습니다. 신앙의 결단이라고는 하나, 어떻게 보면 무모한 일이었습니다. 그러나 부르심을 받고 사명을 위하여 죽으러 가자는 신앙의 결단을 하고 나니 기적이 일어났습니다. 국경 마을을 향하여 날아가는 비행기 안에서 '죽음을 각오하고 말씀과 사명을 따르는 자'를 인도하시는 하나님의 오묘한 손길을 실감 있게 체험하였습니다.

7월 10일 새벽 6시 20분에 LGA 공항을 떠나, 댈러스에서 다른 비행기로 바꾸어 타고 11시 30분에 약속된 공항에 내렸습니다. 그런데 비행기는 제 시간에 도착하였으나, 마중을 나오기로 약속된 사람이 보이지 않았습니다. 조금 늦나 보다 하고 나무의자에 앉아서 기다렸습니다. 30분 정도야 늦을 수도 있겠지 하고, 버스 정류장 같은 공항 대합실에서 기다렸습니다. 그러나 어찌 된 영문인지 한 시간을 기다리고 두 시간을 기다리고 세 시간을 기다려도 마중 나와야 할 사람은 보이지 않았습니다. 처음 부임하는 목사에 대한 출영이 이토록 소홀하고 불성실한가 하는 마음이 들어, 잘못 온 것인가, 이대로 다시 뉴욕으로 돌아가 버릴까 하는 생각이 들었습니다.

거의 네 시간이 다 되어 갈 즈음에 마중자가 모습을 드러냈습니다. 사연인즉, 도중에 교통사고가 난 것도 아니요, 교통이 막히는 도시도 아니요, 집안에 무슨 중대한 일이 생긴 것도 아니었습니다. 나는 뉴욕을 떠나기 전에 부임 일정을 전화와 팩스(Fax)로 미리 연락해 두었습니다. 그런데 그 연락을 받은 사람이 그것을 소홀히 해서, 그만 픽업(pick up)에 큰 차질을 가져온 것이었습니다. 이른 새벽에 출발하여 오후 4시까지 점심도 먹지 못하고 기다림에 지쳐, 나는 몹시 언짢고 몸도 피곤하였습니다. 힘들게 결단을 내리고 비장한 각오로 이 길을 떠나왔는데…. 부르심에 따르는 길은 이렇게 처음부터 힘들었습니다.

나는 어려움이 다가오는 것을 보고, "네가 가이사 앞에 서야 하겠고"(행 27:24)라는 하나님의 부르심을 따라 로마로 가던 바울의 길이 험하고 어려웠던 것을 생각하였습니다. 복음의 진보는 결코 기분 좋고 환영받고 순탄한 길에서 이루어진 것이 아님을 새삼 깨달으면서, 우리가 뉴욕과 같은 살기 좋은 도시 교회에 있으면서 선교를 외쳤던 것이 부끄럽다는 생각도 들었습니다.

나를 청빙했던 분들이 준비해 놓은 숙소에 짐을 풀고 첫 밤을 지냈습니다. 시장함과 여로(旅勞)에 시달려 일찍 불을 끄고 잠자리에 누웠습니다. 불을 끄고 눈을 감으니 잠이 쏟아져 오는데, 무엇인가가 얼굴과 가슴에 두둑두둑 떨어지고 기어올랐습니다. 일어나 불을 켜고 보니 바퀴벌레들이 올림픽을 벌이고 있었습니다. 그날부터 몇 날을 바퀴벌레를 소탕하는 데 보내야 했습니다. 이것이 청빙해 오는 목사를 위한 잠자리였구나 생각하니 한심하기 짝이 없었습니다.

대중교통 수단이 없는 곳인데 제게는 자동차도 없고 전화도 가설되어 있지 않고, 무더위는 이루 말할 수 없는데 냉방장치도 원

활히 작동하지 않았습니다. 이런 데서 어떻게 목회를 할 수 있을까, 정말 잘못 왔나 하는 생각이 다시 고개를 들었습니다. 안사람을 데리고 오지 않은 것이 다행이라고 생각했습니다.

뉴욕을 떠날 때, 같이 목회하던 젊은 목사는 내가 떠나는 것을 만류하며 "나이도 많으시고 신체도 약하신데, 목사님이 어떻게 그런 데로 가시려고 합니까? 그러지 말고 이 교회에서 이제까지 해온 것처럼 같이 목회합시다. 이 교회를 부흥시키면 되지 않습니까? 그런 데는 저 같은 젊은이가 가야지, 왜 하필이면 연만(年晚)하신 목사님이 가시려고 합니까?" 하면서 불만을 토로했습니다. 그래서 내가 말하기를 "그러면 젊으신 목사님께서 가시겠습니까? 거기에 누군가는 꼭 가야 합니다"라고 했는데, 만류하던 그 말을 들을 걸 그랬지 하는 생각이 절실하게 되살아났습니다. 부임 직후의 모든 상황이 부정적으로만 다가왔습니다.

7월 12일이 부임 후 첫 주일이었는데, 첫 예배를 드리기 전에 나는 많은 기도를 드렸습니다. 기도 중에 나에게 결정적인 결단을 하게 한 말씀(요 11:16)을 다시 한번 되새겨 묵상했습니다. "예수와 함께 우리도 죽으러 가자" 하는 말씀을 가슴에 떠올리자 마자, 이제까지 부정적으로 다가왔던 것들이 모두 나의 부르심을 확증하는 요소들이었음을 깨달았습니다.

나는 무한 감사한 마음으로 첫 예배에서 말씀을 전하였습니다. 요한복음 14장 1-6절의 말씀에 따라 '아버지 집'이라는 제목으로, '외진 곳, 한인 동포들의 인적이 없고 발길이 끊긴 국경 마을에서 오로지 예수님만 바라보고, 하늘나라 본향에 소망을 두고 현실을 믿음으로 극복하며 승리의 삶을 살자'라는 내용의 메시지를 전하였습니다.

이곳 기후에 적응하기 위하여 나는 혼자서 극기 훈련을 시작하였습니다. 이것으로 인하여 오히려 더위를 심하게 먹고, 신체의 리듬을 잃어 며칠을 고생하였습니다. 여기 사람들은 모두 새벽이나 해가 진 다음에 조깅도 하고 골프도 치고 그 밖의 운동을 하는데, 나는 그것을 모르고 대낮에 운동을 하는 바람에 오히려 역효과를 초래한 것입니다.

부임 후 약 한 달을 어렵게 지내고 있는데, 바늘 간 데 실이 따라간다는 말대로, 아내가 프랑스에서 소식을 듣고 뉴욕에 돌아가 집을 정리하고 델리오로 왔습니다. 아내는 한숨 섞인 말로 "언제까지 여기에서 있을 것이냐"라고 물었습니다. 신혼도 군대 생활에서 시작하여 이제껏 가난하고 고생스러운 길로만 따라다니던 아내가, 말년에 미국의 아프리카라고나 할 오지(奧地)에까지 와 보니 기가 막혔을 것입니다. 이런 경우는 대답을 하지 않는 것이 현명합니다.

교회에 부임하고 한 달이 지난 8월 하순에, 그 지역에 50년 내에 처음이라는 폭풍과 홍수가 닥쳐왔습니다. 이 태풍과 홍수가 이 작은 마을을 반타작하다시피 휩쓸고 지나가서, 많은 사람이 익사하고 가옥이 유실되었으며, 교량과 공공시설들이 파괴되었습니다. 전기와 전화, 상수도가 모두 절단 나서 엄청난 어려움을 겪게 되었습니다.

뉴욕에서와 달리 세 가정, 교인 수 여섯 명 규모의 교회여서 그런지, 그동안 교회에서 활동할 일이 별로 없었습니다. 움직이는 활동보다는 기도와 묵상, 성경 읽기 등 경건 훈련에 치중하다 보니, 마치 무슨 수도승이 된 것 같은 기분이 들 때도 있었습니다. 나는 이 태풍을 겪은 후에, 10분 거리에 있는 국경을 넘어 멕시코로 건너가 보았습니다.

국경다리를 건너자 마자, 인구 10만 정도 되는 아쿠냐(Acuna)라는 도시가 있었습니다. 1950년 6·25 동란 때 우리나라의 영등포 변두리나 봉천동이나 상계동 등의 곳곳에 산재해 있던 천막촌과 같은, 아니 그보다 더 처참한 빈민굴이 거기에 있어서 놀랐습니다. 천막도 판자도 없어 종이상자를 펴서, 이제는 기차가 다니지 않아 빨갛게 녹슬고 잡초가 우거진 철길 위에 집을 짓고 살고 있었습니다. 길에는 발등을 덮을 만큼 먼지가 쌓여 있었고, 주민들 중에 신발을 신지 않고 다니는 사람들도 적지 않았습니다.

나는 그 길을 철길먼지길이라 부르고 거기에 교회를 세운 다음, 그 교회 이름을 '철길먼지마을교회'라고 했습니다. 철길먼지마을교회…. 나는 뉴욕과 LA에서 의복과 신발들을 얻어다 그들에게 나누어 주었습니다. 그곳 빈민들은 우리가 나누어 주는 의복이나 신발을 얻기 위하여 잘 모여들었습니다. 그러는 사이에 "당신이 여기에 언제까지 있겠느냐"라고 불만스럽게 묻던 아내가 "여기에 구제품을 나누어 줄 것이 아니라, 이제는 복음을 전해야 하지 않겠느냐"라고 하며 복음 전도에 앞장서기 시작했습니다. 할렐루야를 외치지 않을 수 없는 일이었습니다!

그로부터 나는 미국 쪽에서 국경 목회를 하면서, 한편으로 멕시코로 건너가 국경의 빈민촌에 복음을 전하였습니다. 먼지길 가운데 서서 구제품을 나누어 주다 말고, 하늘을 향하여 찬송을 부르며 그들에게 예수의 이름으로 사랑을 보일 때, 그들은 먼지 끼고 찌들고 태양에 타서 시커메진 손등으로 눈물을 닦았습니다.

저는 이 먼지길에 서서 실로 놀라운 하나님의 경륜을 깨달았습니다. 이 버려진 마을, 전도자의 발길이 닿지 않는 이곳에 이렇게 부족하고 못난 종을 부르시는 방법이 너무나도 오묘했던 것을 깨달았습니다. 저는 델리오의 세 가정을 보고 텍사스의 외진 곳을 찾아와 교회를 다시 세웠으나, 하나님은 그들을 통하여 부족한 종을 멕시코 빈민들에게로 부르셨다는 것을 깨달았습니다.

멕시코 아쿠냐 변두리의 빈민굴에서 선교사를 부르는 서한(書翰)이 제게 직접 전달되었다면, 아무런 여건도 맞지 않고 부족한 제가 그곳에 갔을 가능성은 거의 없었을 것입니다. 나는 선교사가 아니요, 나를 파송한 기관도 없고 후원기관도 없으며, 세상이 인정치 않고 교회가 외면한, 지나가다 멈춘 이름 없는 목사일 뿐이

116

아쿠냐의 교회에 방문하신 방지일 목사님과 함께.

었습니다. 하나님은 그런 내가 이곳에서 사명을 발견케 하셨습니다. 내게 사명을 주시고, "거기서도 전도하리라" 하고 선교사로 부르셨습니다. 이것을 확신하고 교회를 세워, 철길먼지마을교회라고 이름지은 것입니다.

나는 28세 때에, 푸른 공군 제복을 입은 미혼의 청년 장교로서 야간에 신학을 공부하고 있었습니다. 그러다 1961년 5·16 쿠데타가 일어났을 때, 군복무 관계로 서울을 떠나게 되어 신학을 중단해야 했습니다. 다시 신학 공부를 할 수 있게 되기까지 가난과 고통의 28년 세월을 소명(召命) 밖의 길에서 보냈습니다. 결혼, 자녀 출산, 제대, 배신과 속임 당함, 가난과 비천… 이와 같은 것들이 나의 조속한 신학 복귀를 허용하지 않았습니다.

많은 고난 끝에 프랑스로 이주한 나는 세 자녀가 성년이 되기를 기다렸다가, 신학을 중단한 지 거의 30년 만에 미국으로 건너와 신학을 마치고 사역의 일선에 나섰습니다. 늦은 나이에 전도사와 강도사를 거쳐 목사 안수를 받고, 말씀의 단 위에 서게 될 때까지 당한 천대와 조소와 냉대는 오직 주님만이 아시는 길이었습니다.

모세를 40년간 미디안 광야에서 단절과 고독을 겪게 하시고, 80의 나이에 이스라엘 민족 해방과 출애굽을 위하여 부르신 하나님은, 말할 수 없이 부족하고 못난 저를 30년이라는 세월을 겪게 하신 뒤에 거기에서도 전도하게 하시려고 이 늦은 세월에 부르셨습니다. 나는 이것이 내 인생 최고의 영광이요 은혜요 축복임을 고백하지 않을 수 없습니다.

나를 부르시고 감당할 만한 작은 고난에 처하게 하신 하나님께 한없는 감사와 영광을, 존귀와 경배를 드립니다.

- 2000년 9월

낙엽을 밟으며

마치 우리들의 붉은 심장을 헤치고 나오기라도 한 듯 붉다 못하여 검붉게 물든 단풍잎과, 유리알처럼 투명하고 맑고 노랗게 된 청황색(靑黃色)의 잎새들…. 어떤 잎새들은 된장색처럼 누르칙칙하고, 어떤 잎새들은 진홍처럼 거무튀튀하게 물들어 더러는 아직 나뭇가지에 매달려 있고, 더러는 땅에 떨어져 찬란한 아침 햇살을 받으며 행인들의 발길에 밟히고 있다.

이 잎새들은 모두 여름이 한창인 신록의 계절에는 그 수종(樹種)이나 잎새의 모양과 구별 없이 마음껏 푸르청청하여 사람들에게 그늘을 제공하고 신록의 상쾌함을 안겨 주었을 것이다. 그러나 동면의 겨울을 앞두고 추수의 계절 가을을 지나면서, 그 푸르던 신록이 사라지고 제각기 형형색색으로 물들어가며 나뭇가지에서 떨어지고 있다. 그 물든 잎새들의 더러는 아직도 악착같이 나무에 더 붙어 있으려는듯 매달려 있으나 조만간 땅에 떨어지고 말 것이며, 고엽(枯葉)의 마지막 길을 갈 것이다. 푸르기만 하던 잎새들은 고엽이 되어가면서 드러나지 않았던 그 잎새의 각기 다른 모양을 드러내 보이고, 색깔도 자기 본연의 것을 드러낸다.

나는 매일 아침 새벽기도회가 끝나면 곧바로 10분 거리에 있는 공원에 가서 약 50분 동안 아침 걷기 운동을 하고 집으로 돌아온다. 집으로 돌아오는 길의 가로수들을 보면, 여름에는 그렇게 푸르기만 하며 신록의 터널을 이루었던 것이 지금 이 늦가을에 접어들어서는 그 푸르름을 찾아볼 길이 없고, 오색으로 물들어 단풍 거리로 변하여 있다. 빨강색, 노란색, 분홍색, 절반은 빨강색이고 절반은 노랑색, 진분홍, 짙노란 된장색, 진흙색 등 여러 색의 잎새들을 보면서, 여러 가지 상념과 사색에 잠겨 길을 걷는다. 기나긴 여름 한철, 신록의 계절에는 분간할 수 없이 푸르기만 하던 잎새들이 동면의 계절을 맞으면서 고엽(枯葉)의 때가 되니 제각기 본색을 드러내고 있다.

나는 가던 길을 멈추어 허리를 굽히고 손을 내밀어, 빨갛고 노랗고, 절반은 빨갛고 절반은 노란, 아름답고 고운 잎새들을 색깔대로 주워 들었다. 어떤 것은 별 모양이고, 어떤 것은 다섯 손가락을 활짝 편 손바닥 모양이고, 어떤 것은 둥글고, 어떤 것은 모나 있다. 모두 땅에 떨어져 뒹굴고 있었지만, 그토록 곱고 깨끗한 잎새들을 밟고 지나가기에는 민망한 생각이 들어서였고, 그보다는 밟고 지나갈 수 없던 그 아름답고 고운 잎새들을 어딘가에 간직하고 싶어서였다.

나는 그 잎새들을 나의 목회수첩 2005년 11월 12일자(토요일) 갈피에 꽂아 놓았다. 세월이 지난 뒤, 누군가 내 서재를 정리하면서 이 수첩을 발견하고 그 페이지를 펼쳤을 때 낙엽 책갈피를 본다면, 나름대로 내가 지나갔던 시절을 반추하면서 그 앤솔로지(anthology)를 소중히 여길 것 같아서이다.

우리 인생도 이와 같은 계절에 견주어 생각할 수 있겠다. 인생의 봄, 여름은 누구나 다 푸르른 수목 같고 신록의 계절 같다. 차별도 구별도 없이, 제각기 제멋대로, 자기 잘난 멋대로 마음껏 펼치며 인생의 푸른 시절을 살 것이다. 그러나 인생의 휴면기를 앞두고 인생의 겨울, 석양을 맞이하면, 여러 가지 색의 잎새들처럼 제각기 자기가 살아온 삶의 색깔들이 드러날 것이다. 저 잎새들이 어떤 것은 맑고 밝고 곱게, 오래 간직해 두고 싶을 만큼 아름답게 물들고, 어떤 것은 어둡고 칙칙하고 흐리게 물들어 눈 밖에 나며 명암의 대조를 이루는 것처럼, 우리 인생들도 그러할 것이다.

오늘은 유독 새벽부터 구름이 꽈악 끼고 흐린 날씨에 비까지 내리고 있다. 아직 나뭇가지에 달라붙어 있는 잎새들도 떨어지지 않으려고 안간힘을 다하며, 초겨울의 거센 빗줄기에 시달리며 애써 매달려 있는 듯하다. 그렇게 매달려 있는 맑고 밝고 붉고 노란 잎새들로 인하여, 비 내리는 어두운 가로수길은 마치 노란 가로등을 켜 놓은 듯 밝고 환하다. 연수가 70이요 강건하면 80인 우리 인생에도 나뭇가지에 악착같이 매달려 있는 물든 잎새 같은 모습들이 있다. 나는 유독 깊은 사색과 상념에 젖게 한, 이른 아침의 낙엽 거리를 카메라에 담았다.

우리가 살아가고 있는 이 어둡고 험하고 거친 세상도 그리스도의 사랑과 의와 진리와 거룩으로 살아간 사람들의 신앙과 삶으로 밝아질 수 있으리라 생각한다. 어떤 사람은 다른 사람들의 기억에 간직되고, 기려지고 흠모하는 고매한 인격으로, 그리하여 아름다운 이름이 남겨질 것이다. 또 잘난 모습으로 떵떵거리며 한 인생의 계절을 누렸다 할지라도, 가을이 되어서는 다른 사람들의 아낌을 받지 못하고, 외로운 노후를 살다가 떠나가는 사람도 있을 것이다. 마치 역대하 21장 20절에 나오는 여호람 왕처럼 말이다. 그는 왕이었음에도 아무도 아껴 주는 자 없이 죽어 잔인한 망각의 늪에 버려졌다. 여호람 왕이 그랬듯이, 외롭게 남은 몇 날을 살다가 아쉬움 없이 잊히는 사람도 있을 것이다.

지혜의 왕 솔로몬은 전도서 7장 1절에서 "좋은 이름이 좋은 기름보다 낫고 죽는 날이 출생하는 날보다 나으며"라고 술회하였다. 그는 세상에서 최고의 영화와 보배로운 기름을 마음껏 누렸으나, 인생을 마감하는 말년에 아름다운 이름을 갖지는 못하였다. 이 말씀은, 정녕 그가 세상 영화와 보배로운 기름을 마음껏 누렸어도, 인생의 아름다운 마지막 이름을 갖지 못한 것에 대한 탄식의 고백인지도 모를 일이다.

그렇다면 아름다운 이름은 어떤 이름인가? 그것은 동판에 금으로 돌출 각인(突出刻印)한 이름도 아니요, 하얀 대리석에 사향묵(麝香墨)으로 눌러 쓴 이름도 아니다. 비단천에 오색 실로 수놓은 이름도 아니다. 아름다운 이름이란 그리스도의 말씀을 따라, 그리스도를 섬기며 살면서 세상 사람들에게 선하게 알려진 이름이며, 하나님께 알려진 이름이다. 이런 사람들은 로마서 14장 18-19절에 기록된 것처럼 '하나님께 기뻐하심을 받고 사람에게도 칭찬을 받으며, 또한 이웃과 더불어 화평을 이루고 덕을 세우는' 사람이다. 한마디로 남을 위하여 사는 사람이며, 남의 유익을 도모하며 사는 겸손한 사람이라는 말이다.

그리스도를 위한 삶은 결국 남을 위한 삶이다. 각자 자기 짐을 지며 남의 짐을 서로 져 주는, 그리스도의 법을 성취하는 삶이다(갈 2:2-5). 그러나 남을 위한 삶이 반드시 그리스도를 위한 삶은 아니라는 것을 알아야 한다. 먼저 그리스도를 위하는 삶이라야 그리스도의 사람으로서 남을 위한 삶이 될 수 있다. 이렇게 남을 위한 삶이 곧 나를 내어 주는 삶인 것이다.

가을의 단풍이 아름다운 것은 그 잎새가 체내에 지니고 있던, 푸르름을 과시하던 엽록소를 가을볕 아래 밖으로 배출했을 때 드러난다. 십자가는 하나님에 대한 사랑과 인간에 대한 사랑을 동시에 나타내는 상징표이다.

하나님에 대한 인간의 사랑은 관념적이다. 인간의 그 사랑은 관념적일 수밖에 없다. 한편 인간(이웃)에 대한 사랑은 구체적이고 실질적이다. 따라서 관념적일 수밖에 없는 하나님에 대한 인간의 사랑은 인간에 대한 실질적이고 구체적인 사랑을 통해서 증거되고 고백된다. 예수님의 삶이 그러했고, 사도 바울의 삶이 그러했다. 예수님은 그의 몸을 불쌍한 죄인들을 위하여 내어 줌으로 인간에 대한 사랑을 확증해 보이셨다.

내어 주는 삶은 곧 나를 비우는 삶이다. 물질도 나를 위하여 쌓아 두기만 하면 썩고 곰팡이가 끼고 좀과 동록이 해를 끼친다. 그러므로 나만을 위하여 내 창고에 쌓아 둘 것이 아니라, 하늘나라에 쌓아 놓고 남을 위하여 내주어야 좀과 동록이 해치지 못하고 (마 6:19, 19:21) 썩지도 않는다. 내 욕심만 채울 것이 아니라 나 아닌 다른 사람의 유익도 도모해야지, 내 욕심만 채우다 보면 내 마음속에 노폐물이 축적되어, 첫째로는 내 영혼이 부패하고 둘째로는 내 몸도 병이 나고 만다. 예레미야 17장 9절에 있는 "만물보다 거짓되고 심히 부패한 것은 마음이라"는 말씀은 바로 이와 같이 내어 주지 못하여 썩어 노폐물로 가득 찬 마음을 두고 하는 말씀이다.

영육 간에 내 속에 축적되어 있는 것들을 자꾸 비워낼 때, 투명하고 깨끗하게 물든 저 단풍잎처럼 내 심령이 깨끗해지고 맑아지며, 그로 말미암아 내 얼굴도 밝고 빛나고, 내 이름이 내 인생의 아름다운 기념비로 세워질 것이다.

잠언 16장 31절은 "백발은 영화의 면류관이라 공의로운 길에서 얻으리라"고 하였다. 하얗고 깨끗해 보인다 해서 모든 백발이 영화의 면류관은 아니다. 의로운 길을 걸어오면서 바래고 희어진 머리라야 면류관이다. 때 늦은 가을의 낙엽을 보고 밟으면서 이것을 생각한다.

춘심보

———

春心譜

제가 형님의 편지를 받았던 지난해 입춘 날엔 그렇게 기쁠 수가 없었습니다. 세상이 변하여 이제 집집마다 전화기는 물론 휴대전화까지 있어서 편지로 소식을 주고받는 일은 거의 없어지고 그저 전화로 한두 마디 안부를 묻고 마는 세상이고 보니, 편리하기는 하지만 삭막하기가 이를 데 없는 듯합니다. 세상을 살아가는 애환이 담긴 형님의 편지는 방안의 전화나 들고 다니는 휴대전화기로 주고받는 안부 몇 마디와 비교할 수 없이 정답고, 이미 가신 지 오랜 어머님의 품처럼 포근하였습니다.

요즈음 편지통에 배달되는 우편물들은 상업 광고지와 홍보물, 그리고 사무적인 것들이 대부분입니다. 정다운 사연의 편지는 이제 거의 사라진 것 같아, 편지 없는 세상이 된 것이 마냥 아쉽기만 합니다. 물론 컴퓨터로 편지를 주고받기는 합니다만 모두에게 컴퓨터가 있는 것이 아니고, 또 그것은 편지통을 열고 받아 보는 편지와 정감이 다른 듯합니다.

저희가 헤어져 산 지도 50년이 가까운 지금, 평소에도 전화로 안부를 주고받던 터라 형님의 편지는 생각하지 않았습니다. 그런데 봄이 오기 시작한 그날, 전혀 기대하지 않았던 형님의 편지를 받고 나니 그렇게 반가울 수가 없었습니다.

6·25가 끝난 1950년대 중후반, 그때는 왜 그렇게도 살기가 어려웠던지요. 죽 한 그릇으로 하루를 견뎌야 했던 그 시절, 계절은 화창한 봄날이었지만, 그 하루들은 그렇게도 지루하고 길었지요. 가족 모두가 비좁은 한방에서 와글거리며 살던 그 시절에, 우리 조무래기들은 날이 밝고 풀리기만 하면 밖으로 뛰어나가곤 했습니다. 그래서 산으로 들로 내달리던 기억이 선합니다.

무엇이 무엇인지도 모르던 저는 그저 형님의 뒤를 졸졸 따라다니기 일쑤였습니다. 따라다니던 길에서 만났던 송사리떼, 진달래꽃, 논둑과 밭길, 산언덕, 뛰뛰 불어 대던 버들피리…. 그러한 세월이 지나는 동안 큰형님은 군대로 떠나고, 형님은 부산으로 공부하러 떠났습니다. 그때는 제가 중학교에 다닐 때였는데, 형님이 부산에서 보내 준 장문의 편지는 감수성이 많던 저를 눈물짓게 했습니다. 많은 세월이 지난 지금 다시 형님의 편지를 받으니, 그때 그 편지에 담겼던 형님의 고생하던 모습이 떠올라 마음을 적십니다.

이번엔 긴 사연도 아닌 몇 줄의 안부편지 속에 곁들여진 시(詩) 〈버들피리〉가 저를 마냥 옛날로 옛날로, 옛날 그때로 데리고 갑니다. 비 내리고 눈도 내리던, 형님의 편지를 받았던 그날 밤엔 지나간 옛날 생각으로 잠을 이루지 못하였습니다. 고향 친구들, 송사리, 진달래꽃, 그 언덕과 논길, 비탈길, 그리고 버들피리, 이런 것들…. 휴대전화와 컴퓨터의 시대, 인격 언어보다 기계 언어가 성행하는 이 시대에, 아직도 내 마음 한구석에 정서의 샘이 남아 있는 것이 다행이었습니다.

칠순을 바라보는 형님의 편지 속에, 제 귀에 메아리쳐 오는 '버들피리'는 하도 불고 불어서 목이 쉰 듯합니다.

버들피리

피는가 하면 지는 꽃
울 엄마 같은 목련꽃
곱게도 피었다

피를 뿌린
산등성이를 붉게 물들인
내 눈물 같은 진달래여

아- 생각난다

진달래 꺾으러

버들피리 불며 가다가

속절 없이 울어 버린 그때, 그 산, 그 언덕

목련꽃 지고

진달래꽃도 시들고 나면

언덕길 오르며

목 터져라 불고 싶은

내 기도 같은 버들피리…

이 다가오는 봄, 어디선가 또 그 버들피리 소리가 들려오는 것 같습니다. 요즈음은 또 다른 한 통의 편지가 날아오는 것만 같아 설렙니다. 하지만 이 봄엔 제가 먼저, 이렇게 정겨운 사연이 기다려지는 계절에 형님께만이라도, 세상은 외로워도 주님과 함께하실 형님께 안부 몇 마디 먼저, 편지를 보냅니다.

- 2003년 3월 13일 아우의 편지, 한국일보

박도수와 사우가

50여 년 전, 나는 부산 공군 부대의 군수품 창고 대장의 직책에 있었다. 내가 지휘 감독한 저장 시설은 10여 동의 큰 옥내 창고와 야구장 규모의 야적장까지 포함하는 대형 시설이었다. 그 창고들 중에서 병기 부품(자동차 부품) 창고가 도난이 잦아 말썽이었다.

어느 날 일과가 끝날 무렵, 당번병을 데리고 각 창고를 순찰하다가 병기 창고 문 뒤에 숨겨져 있는 봉지 하나를 발견하였다. 봉지를 열어 보니 시중에서 값비싸게 잘 팔리는 차량 부품이었다. 그 창고는 부품의 수불(受拂)이 잦아, 다른 어느 창고보다 관계 사병들의 출입이 많았다. 그런데 요긴한 부품이 지출에 용이하도록 준비된 상태에서, 용무상 출입자도 끊긴 마감 시간에 창고 문 뒤에 숨겨져 있었다는 것은 도난 예비 행위로 간주되었다.

나는 상례(常例)에 따라 일일 창고 순찰 기록부에 그 사실을 기록하고, 상부에 그날의 업무 종료 보고를 하면서 그 사실도 보고하였다. 특별히 이러한 사안은 필히 서면으로 보고토록 지침이 하달되어 있었다.

며칠 후, 부대장의 지시에 따라 수사대에서 그 사건을 조사하기 시작하였다. 일차적으로 그 창고의 실무 책임자였던 창고장이 조사를 받게 되었다. 확증은 없었으나, 창고장의 입장은 매우 불리했다. 그러한 부품은 보통 사람으로서 부품 번호에 따른 위치 카드를 보지 않고서는 찾기가 힘들다. 그러나 창고장은 그 업무의 습성상 그 부품의 위치를 잘 알 뿐 아니라 수불의 빈도나 시장성도 잘 알기 마련이다. 더군다나 그는 부산 모 대학의 야간 법대 학생으로, 여름방학이 끝나 새 학기 등록금이 필요한 때이기도 하였다. 정황으로 보아 그 창고장은 참으로 곤란한 처지에 있었다.

그는 수사대에 불려 가 모진 매를 맞고, 가혹한 심문을 받으며 조사를 받았다. 결국 무혐의로 풀려나와 평상과 다름없이 정상적으로 업무를 계속하였다. 그는 수사대에서 얻어맞은 얼굴에 한동안 멍이 들어 있었고 눈덩이도 부어 있었다. 그러나 그는 여전히 낮에는 열심히 자기 직무에 충실했고, 야간의 학업도 게을리하지 않았다. 혐의 없이 풀려난 그는 그 사건 외에 아무런 흠이 없는 모범 군인이었다. 나는 그 사건이 명쾌하게 풀리지 않은 것이 몹시 께름칙하였다.

그러는 동안 그는 군 제대를 앞두고 다니던 학교를 졸업하게 되었다. 나는 부대원들을 모아 그의 졸업 축하 겸 송별 파티를 베풀었다. 그 송별회에서 오랜 군 생활을 성실히 마치고 떠나는 그가 사우가(思友歌, 동무 생각)를 불렀다.

봄의 교향악이 울려 퍼지는
청라언덕 위에 백합 필 적에
나는 흰나리꽃 향내 맡으며
너를 위해 노래 노래 부른다

청라언덕과 같은 내 맘에
백합 같은 내 동무야
네가 내게서 피어날 적에
모든 슬픔이 사라진다

모두 아쉬운 작별을 하고 그를 떠나보낸 후, 나도 그와 악수를 하고 이별하였다. 그를 보낸 후, 나는 속으로 얼마나 울었는지 모른다. 죄와 허물은 자신과 하나님만이 알 일이었지만, 그의 상관이었던 나는 그가 의심받고 모질게 매를 맞으며 조사받을 때에, 그를 조사하던 수사관을 찾아가 상관으로서의 후의(厚誼)를 한 번도 구하지 못했기 때문이다. 그 사건이 밝혀지기만을 바랐던 나의

132

좁음이 한없이 부끄럽고 슬펐으며, 한때 부하였던 그에게 한없이 미안했다.

그 후 나는 그렇게 떠나간 그를 종종 생각했다. 군을 떠난 후 늦게 목사가 된 나는, 그가 자기 이름 글자대로 '도를 지키며' 살아가리라고 생각하며 그를 회상하곤 했다.

며칠 전, 야외에 운동하러 나갔다가 돌아오는 길에 차에서 라디오를 켜니 사우가(思友歌)가 흘러나왔다. 나는 라디오에서 흘러나오는 사우가를 무심코 따라 부르다 그를 생각했다. 손등으로 눈물을 닦았다. 이제 인생 후반에 들어섰을 그는 박도수(朴道守)라는 이름대로 인간의 도를 지키며 살았으리라. 도둑을 심문하거나 변호하거나, 아니면 심판의 자리에 앉았을지도 모르는 많은 세월이 지난 지금, 그가 떠나가면서 이별가로 부른 사우가를 심금(心琴)에 부르며, 가슴 아픈 이 봄을 맞는다.

설날 유감

히브리어 '바라크'(Barak)는 '무릎을 꿇는다'라는 뜻의 단어이고, '축복'이라는 말은 '부라카'(Buraka)라고 한다. 이 두 말은 어원이 같다. 같은 어원을 가진 이 말들은 하나님 앞에 무릎을 꿇을 때 복을 받는다는 포괄적인 뜻이 된다.

즐거웠던 성탄절과 새해를 맞았던 환희의 여운 속에 지금은 한국의 전통적인 '설'을 맞이하며, 애절한 향수와 고향을 찾는 즐거움에 들떠 있다. 음력 1월 1일인 '설'을 맞이한 한국에서는 귀성객(歸省客)이 고향 찾는 길을 '민족 대이동'이라는 말로 표현한다. 모든 도로가 자동차의 행렬로 꽉 차 있고, 금강산에서는 망향의 세배를 드리는 등, 모두가 축제의 기분에 들떠 있다.

나는 매년 이 시기를 맞을 때마다 옛날 일고여덟 살, 어릴 때의 회상에 젖곤 한다. 60여 년 전 일제(日帝) 하에서 맞이한 설날의 기억이다. 어린 그 시절에는 왜 그렇게 설날이 기다려졌는지 알 수가 없다. 한 달 전부터 손가락으로 날짜를 세어 가면서 설날을 기다리곤 했다. 겨울 김장을 하느라 밤에 호롱불을 켜 놓고 무를 써는 어머니와 누나 옆에 앉아서, 그들이 설날에 장만할 음식 준비에 대하여 주고받는 이야기를 듣는 것이 그렇게도 즐거웠다. 굶주리던 시절이니, 음식에 대한 이야기를 듣기만 하여도 얼마나 좋았는지 모른다.

설날이 되면 모두 새 옷으로 갈아입고, 제일 먼저 할아버지 할머니께 세배(歲拜)를 드렸다. 그리고 나서 본격적으로 즐거운 활동이 시작되었다. 어린 세배꾼들은 부잣집부터 세배하러 다녔다. 병풍을 두르고 아랫목에 양반다리를 하고 앉아 있는 어른들에게 "새해에 복 많이 받으세요" 하며 절을 하면, 어른들은 우리 머리를 쓰다듬으면서 곶감, 대추, 밤, 때로는 돈을 주셨다. 동네를 한 바퀴 다 돌고 나면 모두 마을회관에 모였다. 그리고는 누가 많이 받았는지, 또 무엇을 받았는지를 비교했다. 조금 덜 받았다, 못 받았다 싶으면 다시 절하려고 그 집을 찾아갔다가 혼나기도 했다. 얼마나 좋은 시절이었는가. 절을 하면 과일도 주고 돈도 주고 하던 시절…. 지금도 그러한 풍속이 남아 있다.

두 발을 모으고 무릎을 꿇고, 두 손을 방바닥에 대고 허리를 굽히고 이마가 방바닥에 닿도록 머리를 숙여 절을 하면, 그 당시 평소에는 먹을 수 없던 밤, 대추, 곶감, 강정 같은 맛있는 것들을 받았다. 무릎을 꿇고 머리를 숙여 나를 낮추어 새해 문안 인사를 하니 먹을 복이 쏟아져 내린 것이다.

무릎을 꿇고 손을 땅에 대고 머리를 숙인 자세는 곧 낮아진 자세요, 고상한 말로 표현하면 바로 겸손이다. 겸손의 자세에는 두 가지가 있다. 하나는 귀한 건과실(乾果實)을 받고자 하는 마음으로 무릎을 꿇는 것이고, 또 다른 하나는 진심으로 어르신에 대한 문안의 마음으로 무릎을 꿇는 것이다. 그러나 어느 경우가 되었든지 무릎 꿇고 머리 숙여 절하는 자에게는 복이 내려진다.

그리스도인에게 있어서도 하나님을 경배하는 것이 기복인 경우가 있고, 이와 반대로 예배인 경우가 있다. 어느 경우가 되었든지 하나님은 무릎 꿇고 절하는 자에게 복을 내려 주신다. 하나님을 경배하기보다 세상적인 복을 받기 위해 무릎을 꿇었더라도, 하나님은 초기적으로는 그 나름의 복을 주신다.

나이가 어릴 때에는 먹을 것이나 돈을 받기 위하여 절을 했다. 그러나 나이 들어 철이 들고부터는 어른으로부터 무엇을 받기 위하여 절을 하는 것이 아니라 그 어르신에 대한 존경의 표현으로, 안부를 묻기 위하여 진정한 절을 하게 된다. 예수를 믿는 신앙인들도 믿음이 어릴 때에는 세상적인 유익과 복을 얻으려고 하나님 앞에 기복적으로 무릎 꿇고 경배하지만, 신앙이 자라고 성숙하여서는 하나님의 뜻을 따르고 이루어 영광을 올리기 위해 무릎을 꿇고 경배한다. 내가 오늘 교회에 나와 하나님 앞에 무릎을 꿇고 있다면 무엇을 위함인가를 스스로에게 물어 보고, 그 답에 의하여 내 신앙의 성숙 여부를 알 수 있을 것이다.

내일은 한국의 설날이다. 설날을 맞이하여 그동안 헤어져 살던 부모와 형제, 친척들과 같이 지내기 위하여 고향을 찾아가는 수많은 귀성객의 행렬을 TV 화면을 통해 보았다. 아직도 부모가 가진 부동산이 많아서 이참에 아버지께 잘 보여, 그 땅 몇 평을 더 얻기 위하여 가게 문을 닫고서 선물 사 가지고 세배하러 가는 것인지, 아니면 정녕 아버지가 어떻게 지내시는지, 헤어져 살던 형제들은 어찌 사는지 보고 싶고, 쇠잔해진 부모의 손이라도 만져 보고 싶어서 가는 것인지, 그 속내가 궁금하다. 비행기를 타고 가든지 자동차를 타고 가든지 아니면 꿈속에서 가든지, 가는 사람의 마음에 담긴 그 속내는 알 수가 없다.

나를 낳고 기르며 가르치느라고 세파에 시달려 손발이 닳고 얼굴에 주름이 가득 낀, 고향에 계시는 부모, 형제, 가친(家親)들을 눈에 그린다. 우리를 구원하고자 십자가에 달려 온갖 고초를 당하신 예수님께 가기 위해 그 아버지 집을 찾아가는, 눈물진 얼굴로 본향을 찾아가는 성숙한 나그네가 되기를 바라는 마음이다.

- 2005년 설날 아침에

돌아가는 길

—

歸路

돌아가는 길, 특별히 집으로 돌아가는 길은 언제나 즐겁다. 나를 기다리는 부모님이 계시는 집으로 돌아가는 길이기에 즐거운 것이다.

초중고등학교 시절, 아침 일찍 집에서 멀리 떨어져 있는 학교에 가서 수업을 마치고 돌아오는 길은 언제나 석양이 비추는 길이었다. 그 석양 길을 가는 나는 어설프고 힘들고 지쳐 있었지만, 나를 기다리는 부모님이 계시는 집으로 돌아가는 길이었기에 그 길을 즐겁게 돌아오곤 했다. 더구나 내가 공부를 잘하여 우등상장을 받았을 때는 더 즐거웠다. 내가 상장(賞狀)을 타서 온 것을 보고 즐거워하시는 부모님을 볼 때는 큰 보람을 느꼈으며, 그것이 내가 학교에 다니는 목적 같기도 했다. 내 상장을 보고서 부모님이 즐거

위하시는 것을 볼 때, 나는 더 행복했다.

장성한 뒤 군대 생활을 할 때에도, 휴가를 받아 집으로 가는 길은 참으로 즐거웠다. 집에 부모님이 계셨고, 항상 나를 기다리셨기 때문이다. 힘들고 고된 훈련을 마친 다음, 반짝거리는 공군 소위 계급장을 어깨에 달고 임관 휴가를 받아 집으로 돌아가는 길은 그렇게 즐겁고 행복했다. 부모님이 기뻐하실 것을 생각하니, 내가 겪은 고된 훈련과 기합은 아무것도 아니었다. 소위에서 중위로, 중위에서 대위로, 대위에서 소령으로 진급하며 새로운 계급장을 달고 돌아가는 나의 발걸음은 그때마다 늘 그렇게 기쁘고 즐거우며 가벼웠다. 그때도 나를 기다리는 부모님이 계셨기 때문이었다.

50년 전 교통이 불편하던 시절, 부산 또는 대구에서 서울까지 가려면 기차 안에서 꼬박 하룻밤을 지새워야 했다. 멎었다가 가고, 가다가 또 멎고, 기차는 어찌 그리 더디고 지루한지, 양다리는 뻐근하고 어깨는 쑤시고 졸음이 쏟아졌다. 열두 시간 동안 기차 바퀴 구르는 소리에 머리는 멍하기만 했다. 토요일과 주일을 이용해서 기차와 버스를 타고, 또 걸어서 집에 다녀오는 이 길은 참으로 고단하고 고통스럽고 마음 졸이는 여정이었다. 그런데도 집에서 나를 기다리시는 부모님을 만나는 기쁨 때문에 발걸음만큼은 가벼웠다. 그 모든 고통스러운 것이 있음에도, 참으며 집으로 가는 길은 즐거웠다.

소령에서 중령으로의 진급은 특히 감회가 깊었다. 부모님을 모시지 못한 채 나의 젊음을 군 생활에 다 바친 감회일 것이다. 그렇게 해서 중령으로 진급하여 계급장을 양 어깨에 달고, 차양에 하이얀 무궁화꽃 이파리가 새겨진 모자를 쓰고서 집에 나타난 나의 모습은 부모님을 더할 수 없이 기쁘게 할 것이었다.

그러나 그때의 귀향길은 전혀 즐겁지 않았다. 그때에는 집에 나를 기다리는 부모님이 계시지 않았기 때문이다. 이 세상에서는 부모님을 만날 수 없게 되었다. 내가 군대 생활을 하는 동안 어머님이 먼저 돌아가시고, 그 뒤를 이어 아버님도 돌아가셨다. 부모님이 모두 돌아가신 뒤의 귀향길은 즐겁지 않았다. 나를 기다리며 기뻐하고 자랑스러워하실 부모님이 안 계셨기 때문이다.

내가 태어난 집과 나의 잠자리와 처소는 여전히 거기에 있었지만, 부모님이 안 계시는 집으로 돌아가는 길은 즐겁지도 기쁘지도 않았다. 그러나 가는 길은 여전하였으니, 다만 향수와 그리움을 달래 줄 뿐이었다.

예수를 믿는 그리스도인들의 삶과 인생은 그 생명이 유래한 곳, 즉 본향(本鄕)으로 돌아가는 길에 있다. 생명의 주인이신 하나님이 계신 곳, 즉 아버지 집으로 돌아가는 것이다.

하나님의 선민 이스라엘 민족이 노예의 삶을 살았던 애굽으로부터 그들의 본향, 곧 하나님이 주신 약속의 땅, 젖과 꿀이 흐르는 가나안 땅으로 돌아가는 길은 비록 험난하고 힘든 일과 고통이 있었어도 즐거운 길이어야 했다. 하나님의 은혜로 약속된 땅으로 돌아가는 것이므로 즐거움과 감사로 가야 했을 그 길을, 그들은 원망과 불평이 가득한 패역한 길로 걸었다. 즐거움으로 돌아간 길이 아니었기에 이스라엘 백성들은 약속의 땅, 곧 그들의 본향에 가서도 그 땅을 기뻐하지 아니하였다. 사사들과 여러 왕들을 거치면서 시대가 가고 오며, 드디어 백성들은 하나님과의 대화가 없는 400년, 하나님이 침묵하시는 기나긴 침묵의 세월을 고통스럽게 감내해야 했다.

이스라엘 백성들이 애굽에서 풀려나 홍해를 건너 출애굽 한 사건을 성경은 '세례'라고 말한다(고전 10:1-2). 그들 본토에 가뭄이 들어 양식이 없으므로, 먹을 육신의 양식을 찾아 애굽으로 들어갔다가 노예로 전락하여 400년 동안 묶여 고생했다.

출애굽은 그런 그들이 다시 가나안으로 돌아가는 길이었다. 그러한 길이니 가는 동안 고통과 어려움이 있어도 얼마나 감격스럽고 즐거운 길이었겠는가! 그런데 그 길을 왜 그토록 고통스러워하고 불평하며 험하게 가야 했을까? 그것은 은혜를 망각한 소치였고, 또한 소망을 버린 까닭이었다.

인간은 고통스러워도 은혜를 알고 있으면 불평스러운 일도 이겨낼 수 있고, 소망이 있으면 힘들고 어려운 일도 감당해낼 수 있다. 그러나 은혜를 망각하면 불평하고 원망하게 되고, 소망을 버리면 오히려 배반하고 배은망덕하며 패역하게 된다.

그리스도인들의 신앙생활은 아버지 집으로 돌아가는 길이다.

언제인가 누군가로부터 전도를 받아 예수를 영접하고 그 증표로 세례를 받으면 하나님의 아들로 태어난 것이다. 그리고 그때부터 그는 애굽으로 표현된 죄의 세상을 탈출하여, 그의 인생은 생명을 주신 아버지 집으로 돌아가는 길을 가는 것이다. 애굽을 탈출하여 홍해를 건넌 이스라엘 백성들이 행진하여 간 광야의 길은 곧 세례를 받은 그리스도인이 세상을 살아가는 인생길이다.

이스라엘 백성들이 걸었던 광야가 험난하고 힘들었던 것처럼, 세상 광야 인생길도 험난하다. 그러나 우리에게 생명을 주신 하나님 아버지께서 내가 세상을 이기고 돌아오기를 기다리며 본향에 계시기에, 우리의 갈 길은 즐거운 길이어야 한다.

이 땅 위의 세상 육신의 아버지는 우리를 고아처럼 세상에 남겨두고 떠난다. 하지만 처음과 나중이신 하나님 아버지는 우리를 고아처럼 버려두고 어디론가 떠나는 것이 아니라, 언제나 거기 계셔서 우리가 돌아오기를 기다리신다. 그러므로 우리는 언제나 그가 계시는 것을 믿어야 하고, 그뿐만 아니라 상(賞) 주시는 이심을 믿어야 한다(히 11:6). 이것을 신실히 믿으면 아버지 집으로 돌아가는 길, 곧 인생길이 험하고 힘들고 어려워도 우리는 그 길을 기쁨으로 달려갈 수 있고, 종내에 큰 기쁨을 누리게 된다.

우리는 세상을 사는 길이 결코 수월하고 편한 길이 아님을 알아야 한다. 본래적으로 인생은 힘들고 고통스러운 길이다. 마태복음 7장 13-14절은 "좁은 문으로 들어가라 멸망으로 인도하는 문은 크고 그 길이 넓어 그리로 들어가는 자가 많고 생명으로 인도하는 문은 좁고 길이 협착하여 찾는 자가 적음이라"고 하였다. 문이 왜 좁을까? 수월하고 쉽게 가려는 사람에게 그 길, 곧 아버지 집으로 가는 길은 고통스럽고 어려운 길임을 가르치기 위해서이다.

우리가 가야 할 세상길은 험하고 힘들고 고통스러운 길이다. 하지만 동시에 그 길은 세상에서 수고스럽게 일하며 고통을 참고 나를 기다리시는 하나님 아버지 집으로 돌아가는 길임을 알고, 즐거움으로 달려가야 할 길이다.

풀 섶의 눈물

이미 오래전 일이지만, 한국의 춘천에 있을 때부터 나는 새벽기도가 끝나면 바로 교회에서 멀찍이 떨어진 논밭길을 아내와 함께 산책하곤 하였다. 좁은 논길과 밭길 좌우에는 풀이 우거져 있어서 그 풀 섶에 내려앉은 아침이슬이 발등과 바짓가랑이를 적시곤 하였다. 같이 걸으면서 열(烈 : 아내의 애칭)은 나에게 이것저것 말을 걸어 오곤 했지만, 나는 말없이 걷기를 좋아했다.

지금도 나의 습관은 예전과 다름없다. 나는 걷는 시간에 무엇인가를 골똘히 생각하곤 한다. 목사로서 지금도 아침 산책길에서 한 편의 설교를 구상하는 습관이 있다. 은퇴 후에는 설교할 기회가 없지만, 그래도 아침에 걷는 시간에는 언제나 설교를 구상한다. 여전히 아내는 곁에서 같이 걸으며 곧잘 말을 걸어 온다. 이런저런 세상 삶의 얘기다. 나는 그 산책길의 소박한 대화가 소중하다는 것을 알면서도, 머릿속의 설교 준비에만 열중한다. "나 지금 생각 중이요"라고 찬찬히 말하면, 아내는 무엇을 생각하느냐고 묻는다. 내가 "지금 묵상 중이에요"라고 말하면 아내는 이내 알아차리고, 말을 꺼냈다가도 입을 다물곤 하였다. 미안한 생각이 들어, 앞으로는 같이 얘기를 나눌 마음을 먹고 있다.

지난 10월, 나는 오랜만에 한국을 방문했다. 내가 태어나지도 않고 자라지도 않았으며 살지도 않았던, 부모님과 동생들이 살던 집을 찾아가 보았다. 거기서 군대 생활을 할 때의 일을 떠올렸다. 휴가를 받아 군복을 입고 집에 갈 때면 이미 계시지 않는 분들을 생각하면서, 이슬이 내려앉은 흙담 밑의 풀 섶을 바라보며 생각에 잠기곤 했다.

그 집은 내가 군에 입대하고 없는 동안 부친께서 가족들을 이끌고 이사한 후, 부모님이 세상을 떠나실 때까지 사셨던 곳이다. 부모님이 세상을 떠나신 뒤에는 동생들만 살다가, 동생들도 하나둘씩 떠나 지금은 남의 소유가 되었다.

군대 생활 중에 휴가 때마다 그 집에 가서 부모님과 동생들을 만나곤 하였던 나는, 부모님이 세상을 떠나고 동생들도 다 떠나버린 그 집에 애절한 애정을 갖고 있다.

앞마당에는 커다란 감나무가 있어서 가을에는 크고 빨간 감이 주렁주렁 열렸으며, 집 뒤에 있는 넓은 텃밭에 상추, 파, 열무, 강

냉이, 가지, 호박 들이 심겨 있던 것이 눈에 선하다. 둘째 동생이
감을 따러 감나무에 올라갔다가 발을 헛디뎌 나무에서 떨어지는
바람에 오랜 세월 고생했던 기억도 생생하다. 집 사방(四方)에 기
와지붕을 한 흙담이 둘러 있었는데, 흙담 밑을 따라 키가 작은 밤
나무와 백일홍 나무가 심겨 있었고, 그 주변에 접시꽃과 우엉을
심었던 것도 기억에 되살아났다.

이번 방문에서 그 집을 찾아간 까닭은, 아직도 그 마을에 나의
조카(누님의 딸)가 살고 있기 때문이다. 그 누님의 남편은 지방의
젊은 유지로 철저한 반공주의자였는데, 6·25 때 공산당에 끌
려가서 죽임을 당하였다. 누님은 어린것 둘을 데리고 어렵게 어
렵게 고통스러운 나날을 살다가, 젊은 나이에 세상을 떠나고 말
았다.

나는 이미 고인이 되신 부모님과, 내게 어머니 같던 누님이 생
각나고 보고 싶어서, 누님의 딸이 살고 있는 그 동네를 찾아갔다.
막상 찾아가 보니 부모님이 살던 집은 다 허물어져 없어지고, 집
터는 밭이 되어 채소와 담배가 심겨 있었고, 경계를 표시하는 기
와지붕 흙담만 남아 있었다.

내가 군에 근무하는 동안 어머니가 먼저 돌아가시고, 곧이어 아
버지도 돌아가시고, 옆에 살던 누님도 돌아가셨다. 그 후로도 나
는 휴가 때면 아버지도 어머니도 안 계시고 누님도 없는, 동생들
만 남아 있는 그 옛집을 찾아가곤 했다. 그때마다 기와지붕 흙담

밑에 가서 아침 안개 이슬에 젖어 있는 조용한 텃밭을 바라보며, 시간 가는 줄 모르고 한없는 상념에 젖은 채 서 있곤 했다.

조용하다기보다는 아프도록 외로운 고독과 슬픔이 깔려 있는 이 흙담 밑에서 부모님의 묘가 있는 쪽을 바라보노라니, 산을 넘어 솟아오르는 아침 햇살에 비친 맑은 이슬방울이 반짝거리며 풀잎에서 떨어져 내렸다.

풀잎이 정든 이들의 죽음을 슬퍼하여 눈물을 흘리고 있는 것일까? 아니다. 그럴 리는 없다. 풀잎이 사람의 죽음을 슬퍼하여 눈물을 흘리다니, 그렇지는 않을 텐데…. 그저 풀잎에 맺힌 이슬들이 떨어지면서 아침 햇빛에 비치는 것일 뿐이다.

그런데 웬일인가! 이 맑고 청정(淸淨)한, 모든 것이 새롭고 깨끗한 아침에 내 눈에 이슬이 맺혔는지 눈이 흐려 오는 것이 아닌가! 내 눈에도 아침이슬이 맺혔단 말인가? 마치 저 풀잎에서 이슬방울이 떨어져 내리는 것처럼, 내 눈에서도 가느다란 이슬방울이 맺혔다가 떨어져 흘러내렸다.

나는 손등으로 눈을 닦았다. 분명히 물방울이 묻어났다. 하지만 내가 이 흙담 밑에서 저 풀잎들과 함께 밤을 새우지 않았으니, 내 눈에 이슬이 맺힐 리는 없었다. 그것은 눈물이었다. 그리운 눈물, 정을 다하지 못한 안타깝고 후회하는 눈물, 그런가 하면 우리를 구원하신 그리스도 예수의 은혜로 조만간 그리운 분들을 다시 만나리라는 소망과 감사의 눈물이었다. 그 눈물들이 뒤범벅되어, 이 새벽 시간에 먼 나그넷길을 달려와 흙담 옆에 서 있는 나의 두 눈에서 흘러내리고 있었다.

고국 방문 길에서

한국의 10월은 가을이 한창이었다. 높고 푸른 하늘과 코스모스와 사루비아, 이것만으로도 한국은 가을임이 분명하였다. 그러나 고속도로로 한 시간을 달려가도, 이름난 ○○기도원까지 가는 길에는 도시의 건물이 빽빽히 들어서 있을 뿐, 기대했던 황금물결의 벌판이 보이지 않았다. 그래도 나의 소년 시절에 익숙했던 수수밭, 콩밭, 빨갛게 주렁주렁 매달린 감나무, 껍질 벗은 머리 숙인 벼 이삭들이 띄엄띄 엄, 다정스럽게 눈에 띄었다. 봄에 씨를 뿌리고 가을을 기다리던 농부들은 이제 곧 추수의 벌판에 서서 떠날 채비를 할 것이다.

정녕 미리부터 떠날 채비를 했어야 할 인생들이다. 인생들은 씨를 뿌리던 봄에는 소망으로 분주했고, 여름의 수고는 지루한 듯했으나, 어느덧 인생의 가을, 추수의 계절 한복판에 서 있게 된다. 동면(冬眠)의 계절을 향하여 떠날 채비를 하는 것이다. 그래서 가을은 쓸쓸하고 고독한 것일까? 이 동면의 계절이 지나면 세상의 봄은 다시 오지만, 휴면의 계절이 지나가면 인생의 봄은 다시 오지 않는다. 이 가을에 추수한 것을 가지고 끝없는 휴면의 나라로 떠나는 것이다.

디모데후서는 노년의 사도 바울이 옥중에서 다가오는 마지막 날을 예기하고 늦은 가을에 쓴 것 같다. 그가 디모데에게 말한다. "너는 겨울 전에 오라. 속히 오라. 드로아 가보의 집에 둔 겉옷과 가죽종이에 쓴 책을 가지고 오라. 네가 올 때에 마가를 데리고 오라." 모두 떠날 채비를 위한 당부이다.

바울은 이제 남은 날들을 말씀과 더불어 같이해야겠기에 소중히 여기던 가족 같은 성경책을 가지고 오라고 하며, 또 마지막 날까지는 추위도 막아야겠기에 옷도 가져오라고 당부한다. 마가도 꼭 만나야 할 일이었다. 옛날 젊은 마가가 복음 전도의 일로 함께하지 못하여 상심한 일이 있었음을 생각했을 것이다. 역시 떠날 채비의 마무리인 듯했다.

디모데후서 4장 6절 이하는 바울 사도의 떠날 채비가 이미 다 되어 있음을 보여 준다.

6전제와 같이 내가 벌써 부어지고 나의 떠날 시각이 가까웠도다 7나는 선한 싸움을 싸우고 나의 달려갈 길을 마치고 믿음을 지켰으니 ⁸이제 후로는 나를 위하여 의의 면류관이 예비되었으므로 주 곧 의로우신 재판장이 그날에 내게 주실 것이며 내게만 아니라 주의 나타나심을 사모하는 모든 자에게도니라 ⁹너는 어서 속히 내게로 오라 _딤후 4:6-9

기도원에서는 새벽 6시부터 밤 11시까지 하루에 네 번 집회가 연속되고 있었다. 강사들은 제각기 다른 스타일로 소리 질러 기염을 토했다. 평일의 대낮에도 매회 500여 명의 남녀 성도들이 성전의 자리를 메우고 있었다. 다수의 미(美), 다수의 매력, 다수의 위력에 휩싸여 신앙심의 경지로 함몰되어 가는 회중들을 보면서, 진심으로 성령의 역사와 하나님의 은총이 이 가운데 나타나기를 간절히 빌었다.

강사 목사가 "사업이 잘될 것이다. 아멘!" 하고 외치자 회중들도 따라서 '아멘'으로 화답한다. 강사 목사가 "사업이 망해도 아멘" 하니 회중들노 따라서 '아멘'으로 화답한다. "죽어도 아멘!" 하는 외침에는 여기저기에서 웃는 소리도 들렸다. 하지만 모두 이 추수의 계절에 떠날 채비의 훈련인 듯하여, 이 집회에 참여하게 하신 주님께 무한한 감사를 드렸다.

이렇게 세월은 날아가고 있으니, 가던 길을 멈추고 다투고 있을 겨를은 없다. 각자 자기 마당을 쓸고, 모두 다 같이 앞을 향하여 달려가야 할 것이다. 이제 곧 흰 눈이 온 세상을 덮게 될 것이기 때문이다.

　기도원을 떠나 고국의 곳곳을 둘러보았다. 댐(Dam)의 건설로 수몰될 뻔했던 동강이 시를 읊듯 흐르고 있었다. 댐을 건설했다면 또 다른 경제적인 유익이 있었겠고 또 다른 경관도 조성되었을 터이지만, 그래도 지금 흐르는 동강은 무엇보다도 귀중한 천혜의 아름다움과 시를 지니고 있다. 어느 시인이 〈동강은 흐르고 싶다〉라는 시로 우선 댐 건설을 막아냈다 하니, 역시 하나님이 지으신 강(江)의 시력(詩力)은 위대한가 보다.

　통일전망대에서 망원경으로 북쪽을 바라보며, 저들도 그렇게 우리 남쪽을 바라보리라는 생각을 했다. 하지만 아무리 망원경을 통해 바라보아도 신통하게 보이는 것은 없었다. 역시 이렇게 볼 것이 아니라, 우리가 가고 또 그들이 와서 서로를 보아야 할 이유가 여기에 있다고 느꼈다. 서로 가까이 가고 오고, 만나서 보아야 잘 볼 수 있는 일이다. 성경은 인간이 하나님과 화해하여 하나가 될 때 우리 인간끼리도 하나가 된다고 기록하고 있다. 하루속히 우리 민족이 주 안에서 하나 되는 역사가 이루어지기를, 북녘을 향한 얼굴로 기원하였다.

　저녁노을에 잠기어 가는 새만금 갯벌은 마치 갯벌 민초(民草)와 서민들의 호흡인 것처럼 부글거리고 있었다. 영월의 태백박물관에서는 애환이 점철된 광부들의 삶을 피부로 느낄 수 있었다. 갱도에서 이를 악물고 막장을 뚫고 나가야 삶의 내일이 열리는 탄광

촌을 보며, 우리나라 현실을 생각하였다.

갱도에 내려갈 때 귀를 찢는 듯한 파열음과 굉음이 우리 몸까지 흔들며 들려왔다. 거기에 석탄이 있는 것이다. 우리나라에서 이 막장을 뚫는 것과 같이 강렬한, 자기가 깨어지는 참회의 소리가 들리지 않는 한, 통일은 요원할 것이다. 국내 최대라고 하는 기도원에 갔을 때에도 복을 받으라는 외침은 무성했으나, 갱도에서 막장을 뚫는 것과 같은 자기 붕괴의 참회의 외침은 들리지 않았다. 우리 모두 갱도가 아닌 재(災) 위에서, 갱복(坑服)이 아닌 베옷을 입고 가슴과 마음을 찢어 뒤집고 회개할 때, 나라가 밝아지고 통일도 다가올 것이다.

동해안 중간에 있는 정동진 포구는 해돋이 관광객들로 북적였다. 큰 배처럼 축조된 모텔에서 동해로부터 솟아오르는 아침 해를 본다는 것이다. 그것 까닭에 민박집, 호화 식당, 토산품 선물 가게, 횟집, 모텔 등이 줄지어 들어서 있었다.

그러나 정작 아침 해가 얼굴과 가슴에 쏟아져 비칠 때, 그들은 무엇을 보며 무엇을 생각하는 것일까? 해돋이라는 자연의 장관을 보면서 자기 인생에 대한 조명도 받는 것일까? 어두움에 처해 있는 내 심령과 내 인생을 비추어 주는 이는 오직 예수 그리스도, 하나님뿐이시다.

[25]여호와는 그의 얼굴을 네게 비추사 은혜 베푸시기를 원하며 [26]여호

와는 그 얼굴을 네게로 향하여 드사 평강 주시기를 원하노라 할지니라 하라 _민 6:25-26

　단양팔경, 설악산, 한계령, 지리산 뱀사골, 노고단, 달궁, 정령치, 실상사 등, 모두 깎아서 물구나무를 세워 놓은 듯한 아름다운 산들이다. 그러나 그 수려함이 비길 데 없는 산들의 굽이굽이에, 반세기 전 남과 북의 젊은이들이 피 흘리며 밀고 밀치던 애환의 탄식과 상처로 인한 신음의 숨결이 아직도 남아 있는 듯하였다. 많은 사람이 경치를 만끽하려고 모여 오고 지나가지만, 아직도 갈라져 있는 강산은 피 어린 격전의 상처를 간직한 채, 그 시절을 지내 온 초라한 방문객의 마음을 한없이 울리고 애타게 하였다.

　아무리 생각해도 다른 도리가 없는 듯하다. 우리 민족이 탄광촌 갱도의 거대한 파열음처럼 막장을 뚫는 것과 같은 참회와 통회로 하나님께로 돌아갈 때, 너와 내가 하나가 되고 이웃과도 하나가 되며, 우리가 모여 만든 협회들도, 남과 북도, 그리고 겨레도 하나가 될 것이다. 거기에 하나가 되는 길이 있다.

가르친 보람

1970년대에 예비 고사를 준비하는 고등학교에서 1년간 졸업반을 가르쳤다. 설립된 후 11회 졸업생이 나오기까지, 대학 입학 고사를 치르기 위한 예비고사에 합격한 사람이 한 사람도 없었던 고등학교에서 졸업반을 맡은 것이었다. 그런데 교사 경험이 전혀 없었던 필자가 가르친 졸업반은 60명 중에서 19명이 예비고사에 합격했다. 나는 참으로 보람 있었고 즐거웠으며, 학교에서도 대단히 큰 칭찬을 받았다. 그 학생들은 대학을 거쳐 여러모로 사회에 진출하여 중진의 길을 걸었다.

1년간 가르치던 나는 고등공민학교와 병설 상업전수학교에서 청빙을 받아, 그 고등학교를 사임하고 교단을 옮겼다. 고등공민학교와 전수학교는 정규 학교에 못 가는 가난한 학생들에게 정규 중학교와 고등학교 과정을 가르쳐, 국가 검정고시를 거쳐 고등학교와 대학에 진학하도록 지도하는 학교이다.

고등공민학교 학생들은 새벽이면 신문 배달을 하고 낮에는 구두닦이나 넝마주이 같은 일을 하고, 전수학교 학생들은 낮에 공사판에서 심부름을 하거나 노점에서 과일과 야채 등을 팔았다. 그러고는 밤에 학교에 가서 공부하였다. 이렇게 공부한 학생들의 90퍼센트 이상이 국가 검정고시에 합격하여 상급 학교에 진학하고 사회에 진출하였다. 나는 지금도 이 제자들과 연락하고 있는데, 이제는 제자들 중에 손자를 본 이들도 있다.

가르치는 일은 즐겁기도 하지만, 무엇보다 보람이 있어야 한다. 보람 있게 가르치려면 실력, 곧 가르친 바를 자기가 몸소 행하는 것이 있어야 한다. 행함이 없는 믿음이 죽은 것이라는 야고보서 2장 17절의 말씀과 같이, 행함이 없는 가르침은 배우는 자에게 체질화되지 않을 것이다.

필자는 국경 선교 사역, 즉 텍사스 국경 마을의 사역과 멕시코 빈민 선교를 마치고 돌아온 후, 신학교의 강의 요청에 따라 얼마 동안 군소 신학교에서 강의를 한 바 있다. 복음서와 갈라디아서와 로마서 등을 열심히 연구하며 가르쳤고, 학생들도 매우 잘 들어주어 보람이 있었다. 그러나 예배학을 강의하면서는 마음에 무거움이 있었다. 내 이력을 밝히는데, 예배학을 가르쳤다고 하기에는 참 쑥스러워 그 마음을 감추어야 했다.

이제는 은퇴하고 목회를 그만둔 지도 20년이 가깝고, 아내와 나란히 앉아 예배를 드리며 남은 날을 보내고 있다. 그때마다 하나님이 물으시는 음성을 듣는 듯하다. "주진경, 네가 가르친 예배학대로 지금 너는 예배 생활을 하고 있느냐?"라고. 나는 의당(義當) 가르쳤으니 가르친 대로 하고 있다고 대답해야 할 것이다. 그에 합당한 대답을 하기 위하여, 나는 계속 가르친 대로 예배 생활을 실천하는 데 심혈을 기울이고 있다.

마르느 강가의 추억

마르느(Marne) 강은 프랑스 파리 외곽을 가로질러 흐르는 작은 물줄기이다.

안개에 묻힌 마르느 강을 따라 풀 섶에 내려앉은 이슬을 밟으며, 나는 새벽길을 걸었다. 꼬끼오…. 도시의 변두리였지만 내가 우거(寓居)하는 마을에서는 새벽 닭이 우는 소리도 들렸다. 아! 나의 조국, 나의 고향에서 듣던 닭 소리…. 어제는 그토록 복잡하고 시끄럽고 요란하고 어둡고 사나웠는데, 이 새벽에는 이토록 싱그러운 소생(蘇生)의 감격이 나의 작은 가슴을 메워 오다니, 한 밤이 지난 뒤의 이 엄청난 천혜(天惠)의 정적과 청정(淸淨)함에, 나는 하늘을 향하여 한없는 감사를 드렸다.

새벽에 교회에도 갈 수 없는 이곳에서, 나는 이른 아침 발걸음을 멈추고 강가의 풀 섶 사이에 설치되어 있는 나무 벤치에 앉아서 소리 없이 흐르는 강을 바라본다. 이 경이(驚異)로운 새벽의 고요와 싱그러움은 어데서 올까? 태양과 인간이 살고 있는 지구는 여전히 돌고 있고 저 마르느 강도 멈춤 없이 흐르고 있는데, 그 가운데서 부딪치고 툭탁거리고, 밀고 당기고 치고받으면서, 온갖 난동을 부리며 분요(紛擾)했던 아담(Adam)들을 잠재우신 분은 누구일까? 그토록 붙들고 매달리고 했던 모든 것들을 다 내동댕이쳐 버리고, 무책임하게 한 밤을 자고 난 그들, 곧 세상의 아담들에게 이렇게 새로운 아침 세계가 다시 주어진다.

만물을 지으시고 주관하시고 다스리시는 하나님의 말씀은 이러하다. "저녁이 되고 아침이 되니." 이 신령한 비밀을 아는가, 모르는가? 모든 인생은 이렇게 자문하고 대답을 찾아야 할 것이다.

얄밉도록 무책임한 아담들이 잠들 무렵부터 저 이슬들은 내리기 시작했을 것이다. 뫼(山)에는 산들의 눈물이 솟고 품에는 이슬의 탄식이 긴데, 그렇게 눈물이 솟고 탄식이 긴 사이에 밤이 지나고 아침이 온다.

그동안 살아온 인생, 좌(左)로 비키고 우(右)로 피하며 삶의 중간 역, 곧 마르느 강가의 샴피니 역(驛), 내가 살던 동네까지 굴러오는 동안, 그 이슬들은 헐몬의 이슬들처럼 내렸을 것이다. 이렇게 세월을 지내 온 내가 이 풀 섶에 내려앉은 이슬들을 보고 어찌 눈물을 흘리지 않을 수 있을까?

내가 이 마르느 강가에 우거진 풀 섶과 함께 이곳에서 밤을 새운 것은 아니기에, 내 눈에 저 같은 이슬이 맺힐 리 없다. 그러니 나의 눈에 맺힌 것은 이슬이 아니라 눈물이다. 나는 운 것이다. 족히 깨닫지도 못하고 헤아릴 수도 없는 은혜와 은총에 막연히 감격한 것이다. 나는 손등으로 젖은 눈시울을 닦다가 멈추고, 바지 주머니에서 손수건을 꺼내 그 눈물의 이슬방울을 받아냈다. 그 눈물의 의미가 말할 수 없이 소중히 여겨졌기 때문이다.

여명(黎明)이 밝기 시작하자마자 또 아담들의 소음이 시작되었다. 육중한 철마가 철길을 달리고, 땅을 밟고 침을 뱉으며, 숨을 뱉고 내쉬고 들여 마시고, 치받고 쾅쾅 구르고 온갖 소음을 다 내며, 아담들은 또 난동을 되풀이하기 시작한다.

평화와 평강의 주관자이신 주님은 언제까지 "저녁이 되고 아침이 되니"를 거듭하실 것인가! 형제가 연합하여 동거함은 주님이 보시기에 매우 선하고 아름답다고 하였다. 이 선하고 아름다운 아담과 그들이 살아가는 이 땅 위에 헐몬의 이슬들을 흠뻑 내리실 것이다.

라클리 풀밭에서

라클리(Rockleigh)에는 우리 내외가 자주 즐겨 찾는 초원(草原)이 있다. 새벽기도회를 마치면 커피 한 잔과 크루아상 두 개로 조찬을 때우고, 차를 타고 15분간 서서히 달린다. 어떤 때는 금요일 저녁 예배에 참석하는 손자 아이를 교회에 태워다 주느라 어두워진 뒤에 외로운 이 길을 달리곤 한다. 교회 가는 길과 라클리까지 가는 길은 상당 부분 겹치기 때문이다.

교회의 저녁 집회가 끝나고 집에 돌아갈 때쯤이면, 이미 밤은 깊어 있다. 집으로 돌아가는 길, 양옆이 푸른 나뭇잎들로 뒤덮인 길 위엔 온갖 세상의 탄식들이 무겁게 내려앉아 있는 듯하다. 이럴 때면 나는 찬송가를 부른다. 그리고 가슴에 무거움을 느끼면서 잠자리에 든다.

이제껏 살아온 세상에서, 환희보다 슬픈 일이 더 많았고 평안보다 고통스러운 일이 더 많았던 세월에서, 여유보다 부족을 덕으로 여기고 땜질에 땜질을 거듭하며, 정품(精品)의 세계를 펼치려 정방향(正方向)으로 궤(軌)를 수정하며 애쓰던 세월의 탄식들이, 지금의 나이에 이 길을 오고 가는 나의 가슴에 밀려오는 것이다.

중학교를 졸업하면서 전교 최우등생으로서 상(賞)을 타게 되었지만 상을 받는 자리에 나가지 못했던 아픔, 세월이 흘러 애쓰고 애써 대학원을 졸업하면서 대학총장상을 탔지만 그 기쁨이 어릴 적의 아픔을 지워 주지 못했던 애환, 이 모든 것이 그 길 양 옆 풀섶의 탄식에 서려 있는 것 같았다.

어둠을 헤치고서 어린 손자를 태우고 집으로 돌아가는 호젓한 이 길에서, 이러한 상념으로 인하여 마음의 분요(紛擾)를 가눌 길이 없다. 이 나이에도 이렇게 오고 가고 하는 일들은 무한 감사하고 기쁘지만, 지난날의 나래 위에 내려앉은 회상이 그러하다.

평정한 마음으로 부드러운 길을 걷는 것은 나이 든 사람들에게 더할 나위 없이 좋은 운동이다. 평탄한 길을 운동 삼아 돌지만, 다만 도는 횟수를 세며 마냥 운동장을 돌기만 하는 것은 대부분의 연로자들에게 단조롭다. 일종의 노동처럼 지겹고 지루하게 느껴진다.

반면, 공을 치고 날아간 공을 찾아 따라가며 풀밭 위를 걷는 골프(golf)는 참으로 그럴듯한 운동이다. 초타(初打, First T-shot)에서

9타까지, 때로는 18타까지, 좌로 빗나가고 우로 빗나가고 코앞에 떨어지는 공을 찾으며 홀인(hole in)까지 풀을 밟으며 걸어가다 보면, 새삼 어리석고 철없는 인생을 살았나 하는 뉘우침과 자괴감이 든다. 이런 것이 어제오늘 일은 아니다.

특히 오늘 오전 나절에는 더욱 그러했다. 홀인은 그렇게 조심스럽게, 그렇게 정중(鄭重)하게, 그렇게 섬세하게 접근해야 하는 것이다. 그런데 자만심 같은 힘과 무성의하고 안이한 묘자(妙姿)로 허리를 폈던 것을 생각하면 부끄러움을 금할 길 없다.

골프는 잘 다듬어진 풀밭 위에서 공을 치고, 날아간 공을 찾아가면서 걷고, 쏟아지는 찬란한 햇빛을 받으며 신선한 대기를 들이마시며, 세상과 삶에 대한 대화를 나누며 유익을 얻게 해준다. 그러나 이 운동의 최종적 의미의 진수는 기점(旗点, flag)에 가서 홀인하는 것이다.

팔순(八旬)의 나이를 바라보면서, 단조롭게 같은 길을 반복하여 걷는 것이 지겨워져 그마저 중단하고 있을 때였다. 당뇨병이 있는 처남 목사가 안식년을 맞아 서울에서 뉴저지에 왔는데, 이곳에 있는 동안 그럴듯한 운동을 하면 좋겠다 해서 그와 함께 어설프게 시작한 것이 골프이다. 노령(老齡者)들이 모이는 짧은 코스였고, 힘껏 쳐도 옆으로 빗나가기 일쑤였지만, 멀리 빗나간 그 공을 찾는 것은 꽤나 즐거운 일이었다.

1년이 지나고 처남 목사가 한국으로 돌아간 뒤, 우리 내외는 초장(草場)을 라클리(Rockleigh)로 옮겼다. 초장까지 가는 거리가 그 전의 절반이었고, 요금도 절반밖에 되지 않았기 때문이다. 여기서 거의 3년간, 여름이면 그 풀밭 길을 걸었다.

공을 멀리 보내기 위해 힘껏 쳤는데, 힘껏 친다고 해서 공이 멀리 나가지는 않았다. 오히려 빗나가기 일쑤였다. 이처럼 공이 이리 빗나가고 저리 빗나가니 그 공을 따라 '갈 지'(之) 자로 헤매야 했고, 그러다 보니 운동이 힘겨웠다. 하지만 서당 개 3년이면 풍월을 읊는다고 하듯이, 풀밭을 걸은 지 3년쯤 되니 나름 이골이 났다. 골프 실력이나 규정과 매너 등에 익숙해졌다는 것이 아니라, 미숙하게나마 육체적으로 또 정신적으로 골프를 즐기는 정서와 습관이 생겼다는 뜻이다. 우리 내외는 그것으로도 만족하고 충분하다고 생각했다.

오늘 아침 새벽기도회에서 들은 말씀은 이러했다.

"하루를 즐겁게 지내려면 이발을 하라. 한 달을 즐겁게 지내려면 자동차를 사라. 1년을 즐겁게 살려면 결혼을 하라. 그러면 평생을 즐겁고 기쁘게 살기 위해서는 무엇을 할 것인가?"

이발을 하여도 머리털은 곧 자란다. 자동차를 사면 처음에는 잘 달리고 편리하지만, 시간이 흐르면서 고장이 나기 시작하고 문제가 생기기 시작한다. 결혼을 하면 필연으로 다가오는 권태기가 있다. 그렇다면 영원히 변하지 않는 것이 무엇인가?

새벽기도회에서 돌아와 빵과 커피를 먹으며, 아내와 딸과 같이 마주 앉았다. 커피는 유난히 향미가 좋았다. 구수하게 구워진 빵도 별미였다. 30년 내내 즐겨오던 냄새였다. 이 향미(香味)를 즐기면서 세상에 대한 짧은 대화를 나누는 가운데, 우리가 그렇게 열심히 살고 정직하려 애썼고 힘겨웠던 일들이 모두 물거품같이 사라지는 듯한 느낌에, 눈이 흐려지는 것을 서로 발견하였다.

마음을 돌이키려고 라클리의 초장을 찾아갔다. 첫 공을 쳐서 날리고서는, 그 공의 향방도 괘념하지 않고 꽂혀 있는 깃대를 향해 걸었다. 골프 하는 자의 무책임한 행보로, 상념(傷念)의 늪을 헤치고서 이슬이 내려앉은 풀밭을 걸었다.

풀잎에 내려앉은 이슬들이 골프화를 적시고 바짓가랑이까지 적셔 왔다. 그러나 내 눈에 앞을 바라볼 수 없을 만큼 이슬이 맺히는 것은 왜인가! 내가 저 풀들처럼 이 초장에서 밤샘을 한 것은 아니기 때문에 내 눈에 이슬이 내려앉을 이유가 없다. 그러나 분명히 내 눈에는 이슬이 맺혀 있었다. 내 눈에 맺힌 이슬은 80 평생을 살아온 나의 마음속 깊은 곳에서 솟아나오는 어떤 회한(悔恨)의 눈물이었다.

내가 쳐 온 골프를 통해, 나는 이제까지처럼 그렇게 살아서는 안 될 일이란 것을 깨닫고 발견하였다. 건강에 좋은 운동이라는 예찬보다 그 운동의 진수, 곧 홀인(hole in)에서 인생의 골프를 배워야 했다.

이제까지 나 나름으로 이골이 난 골프는 골프가 아니라 플로그

(flog)이다. Flog의 사전적 의미는 다양하다. 그중 한 가지가 '마구 치다, 때리다, 세게 타격하다'이다. 하지만 골프는 마구 치고 때리고 날리는 것이 아니라, 정점(定點, hole in)을 향해 조심스럽고 정확하게, 힘 있고 세게, 더러는 잠자리를 잡듯이 접근하여야 한다.

나는 이 아침에 라클리의 초장을 걸으면서, 골프공을 친 것이 아니라 플로그(Flog)를 했고, 지금껏 살아온 인생은 어떠하였는지, 골프였는지 플로그였는지를 반추하였다. 그러면서 나의 두 눈에 방울져 내리는 이슬을 발견하고 의미 깊은 눈물을 흘렸다. 그 눈물은 참으로 소중한 것이었다.

아들아! 딸들아! 이 아비 어미의 눈물을 보고, 너희들은 즐겁고 기쁘게, 세상에서 외면당하지 않는 인생 골프를 치기 바란다.

- 2012년 6월 20일), 로키산맥 밴프(Banff)에 다녀와서

나의 가는 길,
바보의 길

나는 체력 단련을 위해, 새벽기도가 끝나면 그 길로 뉴저지의 어느 공원에 가서 두 바퀴를 걸어서 돌곤 했다. 이 길은 정직한 바보와 무식하고 비천한 의인이 세미한 음성을 듣고 따라가는 길이다. 여러 날을 되풀이하여 걷는 운동을 하다 보니, 나중에는 너무 단조롭고 지루하여 싫증이 났다. 그래서 목회하는 동안에는 하지 않던 골프를 시작하였다.

나는 이발소나 관공소에 갈 때도 아내와 같이 갔다. 언제나 아내와 같이 가는 것은 나의 인생 관습이었다. 골프장에 갈 때도 예외는 아니었다. 골프 가방을 메고, 의당 아내와 같이 푸른 초장에 나갔다.

밖으로 나가면 여름엔 푸르름이, 가을에는 색색으로 물든 단풍들이 말할 수 없이 상쾌하고 신선하고 좋았다. 찬란한 태양 아래에서 깨끗한 풀밭을 걸으면서, 신선한 대기를 마음껏 들이마시며 공을 쳤다. 공이 가야 할 목표를 향하여 힘껏 치고, 그 공을 찾아 걸었다.

멀리 떨어져 있는 목표에 도달시키기 위해 공이 멀리 날아가도록 힘껏 세게 쳤는데, 목표했던 방향과 달리 엉뚱한 방향으로 날아가는 일이 많았다. 다른 방향으로 날아간 공을 찾는 일은 낭비였다. 궤도(軌道)를 벗어난 공을 찾는 일은 인생의 교훈을 많이 주기도 한다. 정상(頂上, green)에 가서는 그때까지 힘 있게 때리던 공을 잠자리 잡듯이 살살, 또는 시골의 개울에서 송사리를 몰듯이 조심조심 굴려야 한다. 홀인(hall in, 穴入), 그것은 한 코스(course)의 마지막 단계의 성공의 길이다.

성경에서 연수가 70이요 강건하면 80이라고 하던 인생이, 요즘은 강건하면 90, 또는 100세까지도 향수(享壽)하는 시대가 되었다. 그러나 몇 년을 살든, 인생의 마지막 코스에서는 마치 골프 코스의 정상에서와 같이 정말 어리석다 할 만큼 신중하고, 바보라 할 만큼 낮은 자세로 홀(hole, 終穴)에 접근해야 한다. 이것이 신사적인 운동이라는 골프라고 이해한다.

멀리 떨어져 있는 목표 지점에 근접시키려고 공을 힘껏 치나, 방향이 잘못되면 공은 멀리 날아가더라도 목표 지점과 상거가 먼 곳으로 떨어진다. 골프(golf)를 거꾸로 쓰면 플로그(flog)가 된다.

플로그는 아무렇게나 마구 쳤다는 것이다. 당구에서는 이렇게 친 공을 플로그(flog)라고 말한다.

그런데 나는 인생 행로에 비유했던 골프를 중단해야 했다. 어딜 가나 무엇을 하나 동반자였던 집사람이, 오랫동안 가 보지 못했던 프랑스에 있는 아들의 목회지를 다녀온 후로 손목과 손가락에 이상이 생겨 더 이상 골프를 계속할 수 없었기 때문이다. 그래서 다시 걷기를 시작했다. 대신 이전에 걷던 오버펙 공원이라 아니라 잉글우드(Englewood)에 있는 납작바위 공원(Flatt Rock Park)을 걷기로 했다.

납작바위 공원은 평평한 언덕이고 동산이지만, 나이 많은 우리에게는 상당한 험로였다. 울퉁불퉁한 돌들이 산재해 있고, 땅 위로 노출된 나무뿌리에 발부리가 걸리기도 하고, 발바닥의 균형을 힘들게 하여 여러 번 넘어질 뻔하였다. 외손자가 우리와 같이 가 보고는 나에게 주의하라고 했다. 그런데 대학을 나온 손주의 한국말 수준은 가히 놀라웠디.

"할아버지 할머니, 산에 가지 마요. 넘어지면 죽어요, 죽어…."

최고의 경고이지만, 웃음이 안 나올 수 없는 바보 수준의 표현이었다. 그래, 노인이 산 돌짝길 위에서 나무뿌리에 걸려 넘어지면 치사(致死)에 이를 수도 있겠다. 이와 유사한 오늘날의 세상길을 90을 바라보거나 80을 앞둔 노인들이 가야 한다면, 그 길은 아마도 정직한 바보나 무식하고 비천한 의인이나 갈 것이다. 우리 내외는 그야말로 바보요 어리석은 의인인가?

1970년대 중반, 한국일보 장명수 칼럼에 실린 '바보 클럽'이라는 글이 지금도 기억난다. 이탈리아의 어느 작은 시골에 '바보 클럽'이라는 이름의 클럽이 있었는데, 그 마을 사람들은 모두 그 클럽의 회원이었다. 그들은 모두가 바보였는데도, 그 마을은 참으로 화평하고 즐겁고 밝았다고 한다. 바보가 되는 길을 배울 일이다.

- 바보, 주진경

단풍 유감

빠른 세월, 달리는 시간 속에서 계절은 가고 온다. 가을이 오는가
했는데, 시외로 차를 몰았더니 만산홍엽, 어느덧 단풍이 한창이었
다. 심장을 헤치고 나온 듯 빨갛게 물든 단풍잎, 그런가 하면 노란
형광등을 켜 놓은 듯 투명하게 물든 노란 잎들이 땅에 떨어져 뒹
굴고 있다. 더러는 지니가는 사람의 발에 밟히기도 하고 굴러가는
자동차의 바퀴에 깔리기도 하며, 고엽(枯葉)의 말로를 가고 있다.

　나는 가던 길을 멈추고 차에서 내려, 그 잎새들을 주워 손에 들
었다. 그 잎새가 무슨 값어치가 있어서 그런 것이 아니라 그 아름
다운 것을 차마 밟고 지나갈 수가 없어서였고, 그 아름다운 것을
고이 간직하고 싶어서였다. 그 많은 잎새 중에서 하필이면 내 손
에 주워 들린 이 잎새들이 사람의 마음을 이토록 끄는 이유는 무

엇일까?

여름에는 수종(樹種)에 관계없이 모든 잎새가 푸르기만 하던 것이 동면의 계절을 앞두고 수확의 때가 되니 자기 색을 드러낸다. 푸르던 잎새들이 단풍으로 변하는 것은 기온이 내려가면서 따가운 햇살 아래 찬바람을 맞은 잎새들 속의 엽록소가 파괴되어, 그동안 초록에 가려져 있던 색소들이 드러나기 때문이다. 엽록소가 파괴되어 자가 배출되면서 안토시아닌(붉은색), 카로티노이드(노란색) 등이 잎새에 남아 빨갛고 노란 색으로 드러나는 것이다.

하나님이 지으신 자연의 변화에서 인간들은 무엇을 배우는가? 동면(冬眠)의 계절을 앞둔 나뭇잎들이 사람을 즐겁게 하는 변화에서 배우는 바가 있다. 우리 인생들에게도 누구에게나 한때 푸르고 푸른 젊은 계절이 있다. 숨 쉬며 살아가는 사람들에게는 계절의 휴면이 아니라 인생 휴면의 계절, 인생의 가을, 인생 추수의 계절이 있다는 것이다.

영원으로 가는 아름다운 이름을 얻는 삶과, 영멸(永滅)의 나락(那落)으로 떨어지는 인생 과정을 배운다. 사도 바울은 자신이 가진 세상에서 유익한 모든 것, 곧 학문이나 신분, 지식, 재물 등을 배설물로 여겨 그 모든 것을 내버렸다. 그러고는 오직 그리스도 예수만을 위하여 그의 모든 생을 바치고, 영광의 면류관을 향하여 달려가면서 아름다운 이름을 남겼다.

가을은 추수하는 계절이요 떠날 채비를 하는 계절이다. 어느 커피 상품 포장에 참으로 그럴듯한 광고문구가 적혀 있다. "마지막 한 방울까지 맛이 좋다."(It tastes good to the last drop.) 동면의 계절이 지나면 씨 뿌리는 계절은 다시 오지만, 인생에서는 휴면의 계절이 지나면 푸른 계절은 다시 오지 않는다. 세월은 빠르고 시간은 달린다(시 90:10-11; 욥 9:25).

몽당비와
몽당연필

아흔을 바라보는 나이의 나에게는 까마득한 소년기의 기억 두 가지가 지금까지 머릿속에 선명하게 있다.

그 하나는, 장남이라는 이유에서인지 늘 학교에서 돌아오면 마당 쓰는 일이 나의 책임이었다는 것이다. 싸리비나 대나무 빗자루로 쓸었는데, 집 마당을 다 쓴 다음에는 어머니가 물 길으러 다니시던 동네 우물까지 가는 길도 쓸곤 하였다. 매일 마당과 길을 쓸므로 비는 잘도 닳아서 금세 몽당비가 되었다. 비가 다 닳아서 몽당비가 되면 쓸어도 쓸리지 않고 땅만 파였다. 그래서 아무리 보기 좋은 손잡이가 많이 남아 있어도, 그 몽당비는 아궁이에 땔감으로 버려지곤 했다.

또 하나는 몽당연필이다. 일제 강점기의 국민학교에 다니던 나의 필갑(필통)에는 언제나 몽당연필이 가득했다. 그 시대의 가난 때문이기도 했으나, 몽당연필이라도 손에 더 이상 잡히지 않을 때까지 깎고 깎아서 사용하던 것이 습관이 되었기 때문이기도 했다. 월말고사나 중간고사 또는 기말고사 때 다른 학생들은 새 연필을 몇 자루씩 날카롭게 깎아서 책상 위에 내놓고 시험을 치르곤 했는데, 나는 필갑에 가득 들어 있는 몽당연필을 뾰족하게 깎아서 시험 답안지를 썼다. 시험 감독을 하는 일본인 교사가 내 곁에 와서 보고는 "호카노 엔삐츠와 나인다카?"(다른 연필은 없느냐?)라고 묻고, 다음 시간에는 자기가 쓰던 연필을 갖다주었던 기억도 생생하다. 몽당연필로 평소에 필기도 하고 다른 모든 시험도 치렀지만, 나는 언제나 자랑스러운 우등생이었다.

구약 성서(시 90:10)가 말하는 강건한 나이(80세)를 훨씬 넘고 아흔(90)을 바라보며 인생의 해 질 무렵을 사는 나는, 마땅히 생각할 그 이상의 생각을 품지 않고(롬 12:3) 분수에 맞게 누군가의 손에 잡히기를, 몽당연필로 여생을 보내기를 염원하고 있다. 몽당연필처럼, 손에 안 쥐어질 만큼까지 닳아져 없어지기를 바라는 것이다. 주제넘게 과분한 일을 원하는 것이 아니라 서툴게나마 내가 할 수 있는 일에 쓰이기를 바라며, 그런 순간을 기다리며 하루하루를 보내고 있다.

몽당연필이 다 된 나는 신약성서(마 20장)에 기록된, 해 질 무렵에도 포도원 문밖에서 기다리는 무용(無用) 인부(人夫)와 같이 한

순간의 부름을 기다리고 있다. 만약에 이러한 목마른 자를 부르지 않고, 그다지 일자리가 간절하지도 않은 젊고 힘 좋은 일꾼을 불러 간다면, 몽당연필 같은 지각 일꾼은 그 버려짐에 얼마나 외롭고 비애가 지극할까? 그 주인이 아무리 인정이 많고 친절하고 다른 모든 것이 좋다 할지라도, 그가 농장 주인은 될지언정 성경이 말하는 포도원 주인은 아닐 것이다.

성경의 포도원 주인, 곧 해가 뜨는 이른 아침부터 해 지는 마감 시간까지 다섯 번에 걸쳐 품꾼을 불러온 포도원 주인은, 일찍 와서 일을 많이 한 사람이나 마감 시간에 늦게 와서 적게 일한 사람이나 모두 똑같이 하루 품삯을 주었다. 이것은 늦게 찾아온 품꾼에 대한 배려 차원이 아니라 구원하려는 차원의 마음이다.

교회는 세상의 실리를 추구하는 농장이 아니라 구원을 추구하는 포도원이어야 한다. 미말(尾末)에 놓인 몽당연필과 같이 무용한 지각 품꾼을 불러 주는 포도원 주인이 아직 이 세상에 있을 것이기에, 필자와 같이 미말에 처한 수고하고 짐 진 자들은 구원받고 위로를 받는다.

춘천 효신묘지에 안장되어 있는, 103세를 향수(享壽)한 방지일 목사님의 묘비에는 "닳아 없어질지언정 녹슬지 않겠다"라는 그의 만년의 어록이 새겨져 있다.

- 몽당연필, 주진경

열에게

烈 : 아내를 부른 나의 애칭

나의 아름답고 청순한 영원의 빛, 열(烈)에게.

지난 7월에 우리는 뉴욕에 다녀왔습니다. 오랜만에, 금년 여름에는 프랑스에 가서 아이들과 같이 잠시 지낼 예정이었으나, 델리오의 교회 사정 때문에 프랑스까지 가는 계획을 취소하고, 아쉬웠지만 뉴욕까지만이라도 다녀온 것은 잘한 일이라고 생각됩니다.

예정대로 프랑스에 갔더라면 다니엘의 목회지 남쪽 이탈리아와 스위스 국경까지 가서 한적하고 깨끗하며 아름다운 대자연을 호흡하고 돌아왔을 터이지만, 그와는 반대로 다니엘 가정이 미국에 와서 우리 식구 모두를 만나는 기회를 얻었습니다. 에스더네가 새로 지은 널찍한 시골집에 가서 모두 한데 모여 지낼 수 있었던 것 또한 하나님께서 협력하여 유익이 되게 하신 큰 은혜라고 생각합니다.

지금 우리가 겪는 마음의 고통이, 우리 교회의 성도들이 겪는 고통의 적은 분량이라도 덜게 하는 하나님의 은총이기를 빕니다. 이런 일도 모두 당신이 내 곁에 있기에 감당해 나갈 수 있다고 나는 생각합니다.

2년 전, 당신이 에스라의 산후를 돌보기 위하여 파리에 머물고 있을 때에, 내가 뉴욕에서 치명적인 교통사고를 당하였지요. 인근 주민들의 신고로 노스 쇼어(North Shore) 병원에 실려 가면서, 나는 이 소식을 어떻게 당신께 알릴 것인가를 고심하고 있었습니다. 병원 응급실에 입원하여 5-6시간의 정밀 검사를 받았으나, 하나님의 은혜로 아무런 이상이 없었습니다.

사고가 나지 않았을 때와 똑같이 건강한 몸으로, 하루도 거름 없이 정 목사와 함께 목회를 계속할 수 있었고, 그러는 중에 이 사고는 하나님의 새로운 부르심을 받는 계기가 되었습니다. 제2의 인생을 사는 자에게는 정녕 인생의 무대도 새로운 제2의 무대로 바뀌어야 한다는 것이, 그 무렵 새벽기도 시간에 계속 들려오는 하나님의 음성이었습니다.

교통사고에 대하여 막연하게 들려준 소식을 듣고 당신이 파리에서 뉴욕으로 돌아오기도 전에, 나는 한인들의 발길과 인적이 끊긴, 멕시코와의 국경에 있는 이 작은 마을로 오기로 마음을 정하고 교통사고 후유증을 치료하고 있었습니다. 그리고 먼저 홀로 떠

주진경 목사의 공군 장교 시절 가족 사진.

나왔습니다. 내가 이 땅에 태어나서 처음 겪는 더위와 적막과 무료가 있는 곳으로 먼저, 그것도 홀로 와 버린 것은, 당신에게 참으로 미안하고 또 무리가 되는 일이었습니다.

나는 당신과 만난 후, 늘 당신을 이렇게 끌고가다시피 데리고만 다녔습니다. 수원, 대구, 오산, 김해, 부산, 서울… 그리고 프랑스와 미국 땅까지, 별 볼 일 없는 사람이 말입니다.

우리가 처음 어떻게 만났던가요? 그렇지요…. 용산 삼각지에 있던, 불란서 뾰족집이라고 불리며 자랑스러워하던 그 집에서였습니다. 1957년경으로 기억하는 크리스마스 무렵이었습니다.

공군 제11전투비행단 소속 기독장교회의 연말 친목회가 있었습니다. 회장은 기지의 전 대장이었던 한기천 대령이었고 내가 부회장이었고, 그리고 당신의 큰오빠가 회계였다고 기억합니다. 나와 그토록 친밀했던 한기천 대령은 그 뒤에 제대하고 신학교에 갔다는 소식을 들은 바 있습니다. 그 무렵, 이미 한 대령은 나와 더불어 신학교에 대하여 이야기를 주고받곤 하였지요.

지금 LA의 동양선교교회의 원로 목사요 당시 공군본부 군종감이었던 임동선 목사님을 초대했던 연말 기독장교회의 친목회에서, 그때 당신의 집에서 고등학생이던 당신을 처음 만났습니다. 그 기억은 지금도 생생합니다. 지금 하와이로 가 계시다는 소문이 있는 조완걸 목사님이 당시 11전투비행단의 군목이었습니다. 임동선 목사와 나는 군대 동기이고, 기지 군목이었던 조 목사님과 나는 특별히 친한 사이여서 군종감이었던 임 목사를 그 자리에 초대했습니다. 그 재미스러웠던 조완걸 목사님이 휴스턴에서 목회하고 계시다는 소문을 듣고, 내가 텍사스 국경 마을로 부임한 뒤 차로 7시간 걸리는 휴스턴에 가서 알아 보니 하와이로 떠나셨다고 했습니다.

이러한 분위기에서 당신을 만나 서로 얼굴을 알게 되었습니다. 그러나 그 뒤에 내가 몇 차례 당신의 오빠를 찾아 당신 집에 놀러도 갔지만, 당신을 만난 일은 없었습니다. 다만 그 주변에 있던 우리 집 근처 삼각지에서 당신을 한두 번 만난 일이 있었음을 기억합니다. 그러나 나도 당신에게 별 관심이 없었으므로, 그렇게 시

아내를 뜨겁게 사랑하여 '열'이라 부른 주진경 목사와 '열'로 불린 주영숙 사모.

간과 세월이 지나갔습니다.

5·16 군사혁명이 일어나면서, 나는 대구 항공창사령부로 전속 발령이 나서 대구에 내려가 사령부에 부임했는데, 다시 파견 발령이 나서 부산으로 내려갔습니다. 그때 나와 같은 날에 경남 사천 제일훈련비행단으로 전속 발령이 났던 당신의 큰오빠는 김해초등훈련비행단으로 다시 발령이 나, 그 인근의 구포읍 내에 숙소를 정하고 있었습니다.

당시 김해 기지 군목이던 김석영 군목으로부터 소식을 전해 듣고, 어느 가을 주일에 부대 교회에서 예배를 마치고 구포로 찾아갔습니다. 뚱보 고등학생이던 당신이 어엿한 대학생 처녀의 모습으로 거기에 와 있었지요. 서울에서는 고등학생이었는데, 2-3년

만에 부산 구포에서 어엿한 대학생 처녀로 발견한 당신의 모습은, 지금은 쪼그라들어 가는 나의 가슴에 새롭고 또 새로웠습니다. 아마 당신도 이 기억은 새롭게 간직하고 있으리라고 믿습니다. 이때부터 나는 동서남북으로 당신을 데리고 다녔지요. 데리고 다녔다고 했지만, 사실은 끌고 다닌 셈입니다. 물론 자의 반 타의 반….

사랑하는 열!

내가 컴퓨터를 다시 만지기 시작하여 최초로 시도한 것이 교회 주일예배 주보를 만든 것이고, 그리고 당신에게 쓴 이 편지입니다. 나한테 눌려 지내고 참고 가난에 시달리고, 억지로 따라다니고…. 할 말이 없습니다. '사랑한다'(Je t'aime)라는 네 글자 말로 모든 것을 때우려 합니다. 이제 우리의 남은 날들, 남은 여정을 당신이 나를 채근하고 앞장세워 뚜벅뚜벅 이 길을 가게 하니, 하나님이 당신을 기억하고 계실 것입니다.

지금쯤 다니엘 목사 일가는 라과디아(Lagardia) 공항을 향해서 가고 있을 것입니다.

"주님, 이 종을 보호하시고 주께서 맡기신 교회까지 평안히 이르게 하옵소서." 아-멘.

- 2000년 8월 18일, 남편 앙드레 주(Andre Joo)

가을 소묘

한국의 가을 정서는 여러 가지로 표현된다. 천고마비(天高馬肥), 하늘이 높고 말(馬)이 살찌는 계절이다. 밤에 우는 귀뚜라미 소리가 구슬프고, 길 양옆에는 코스모스가 한들거리며 가을을 알리고, 들에는 벼 이삭의 황금물결이 파도를 친다. 만산이 짙게 단풍으로 물들어가는 모습…. 모두 가을의 사인(sign)이다.

우리가 사는 미국에는 단풍을 볼 수 없는 가을의 땅도 있다. 그러나 이러한 사인이 없어도 우리에게는 가을을 감지하는 감각(sense)이 있다. 모든 인생은 나그네이기 때문이다. 인생이 나그네 됨은 하나님이 주신 은혜요 은총이다. 특별히 가을이 되면 나그네의 고독을 느끼며, 깊은 사색과 상념에 잠기게 된다.

가을은 떠나는 계절이며, 그 가을에 추수한 것을 가지고 떠날 채비를 하는 계절이다. 나그네들은 지금 있는 곳에 영원히 거(居)하는 것이 아니라 자기가 떠나온 곳으로, 즉 자기 본향으로 떠난다. 이처럼 나그네는 잠시 머무는, 곧 우거(寓居)하는 길손들이기 때문에 더욱 고독을 느끼며, 사색과 상념에 잠기게 된다.

그렇다면 우리가 돌아가는 곳은 어디인가? 그것은 나의 육신이 태어난 곳이 아니라 나의 생명이 유래(由來)한, 내게 생명을 주신 하나님이 계신, 보다 나은 본향이다. 성경은 하나님께서 인간을 지으실 때에 영원을 사모하는 마음을 주셨다고 하였다(전 3:11). 따라서 영원을 사모하는 마음을 받고 피조되어 세상에 나그네로 보내진 인간들은 영원의 처소로 다시 돌아가려는 회귀(回歸)의 부르심이 있다는 것을 깨달아야 한다.

그러나 이 땅에 태어난 인간들은 자기 육신이 태어난 곳에 든든한 집을 짓고, 돈을 모으고, 벼슬을 하고 권세를 얻으며 자기 이름을 높여 그곳에 영원히 살기를 도모한다. 필생(畢生)의 노력을 하며 금의환향을 위하여 세월을 보낸다. 부귀공명을 성취하여 한 시대를 누리고자 한다. 그러다 과속으로 달리는 세월 속에서 인생의 휴면기를 바라보며 생(生)에 대한 애착과 허무를 느낄 무렵이면 생로병사의 단애(斷崖)에 직면하고, 하나님이 주셨던 영원을 사모하는 마음(eternity in heart)을 외면했던 세월을 뼈아프게 통회한다. 우리 앞에는 이 통회에서 영원으로 돌아올 수 있는 길과 멸망으로 빠지는 길이 있다. 한 번 죽는 것은 사람에게 정한 것이며 죽은 후에는 심판이 있고(히 9:27), 그 심판에서 영원한 생명과 영원한 멸망의 고통이 판가름 난다고 성경이 가르친다. 그렇게 멀리하고 싶어했던 성경을 한 번은 손에 쥐고 볼 일인 것은, 누군가를 찾아가 배워야 할 기회가 아직은 있기 때문이다. 이 가을이 다 가지 아니했기 때문에….

이 땅 위에서 인생의 성공이란 무엇인가? 금의환향하여 부귀영화를 누리는 것은 생로병사로 끝날 성공이다. 인간들으로서 이 땅 위에서 먹고 마실 음식, 입을 옷, 누워 자고 일어날 집, 기타 생존에 필요한 모든 것을 외면하고 살 수는 없는 일이다. 그러나 나그네인 인생이 영원한 처소인 하늘나라로 돌아가야 한다면 재물을 땅에 쌓지 말고 하늘에 쌓아야 할 것이며, 집도 떠나가야 할 이 땅에 짓지 말고 하늘에 지어야 할 것이다.

어떻게 재물을 하늘에 쌓으며, 어떻게 집을 하늘에 지을 수 있을까? 마태복음 6장 19-20절 말씀에서 재물을 땅에 두지 말고 하늘에 쌓으라고 하였다. 보물과 재산을 땅에 쌓고 묻어 둔다면 다 없어지고 말 것이 뻔하다. 불타고 풍수해에 소실되고, 도적 맞고 강도에게 약탈되고 만다. 땅속에 깊이 묻어 두어도 종내는 밭을 가는 농사꾼의 소유가 되고 만다.

그렇다면 어떻게 보물과 재물을 하늘에 쌓는가? 마태복음 19장 16-21절을 보면 어떤 사람과 예수님의 대화가 나온다. 어떤 사람이 예수께 와서 "무엇을 하여야 영생을 얻을까요?"라고 물었을 때, 예수님의 대답은 "계명을 지키라"였다. 질문한 어떤 사람은 "그 계명들은 다 지켰나이다"라고 대답하였다. 이에 예수님께서 말씀하셨다. "계명들을 다 지켰는데도 구원과 하늘나라에 대한 자신과 확신이 없다면, 다른 한 가지가 부족한 것이다. 네 재물과 소유를 다 팔아서 가난한 이웃에게 주고 와서 나를 따르라. 그리하면 하늘에서 네게 보화가 있으리라."

영원을 사모하여 그 본향으로 가는 사람들은 재물을 벌어도 가난한 이웃과 나누면서 같이 살아간다. 그가 그렇게 사용한 재물은 천국에 그들을 위해 쌓인다(마 19:21). 이렇게 해서 재물이 하늘에 쌓일 수 있다.

그러면 집은 어떻게 짓는 것인가? 영원을 사모하여 영원한 곳으로 가는 이 땅의 나그네들은 어떻게 집을 이 땅에 짓지 않고 하늘에 지을 수 있는가? 마태복음 7장 24-25절에서 예수님은 이렇게 말씀하셨다. "내 말을 듣고 행하는 자는 반석 위에 집을 짓는 것이다. 그 집은 바람이 불고 창수가 나도 쓰러지지 않아 무너지지 않는다."

반석은 그리스도(고전 10:4)이시다. 이 반석 위에 지어진 집은 영원히 무너지지 않는다. 영원한 삶을 살고자 하는 나그네들은 우거(寓居)하는 땅에 집을 짓지 않으며, 재물을 땅에 묻어 보관하지도 않는다. 그런 사람들의 성공은 나그네의 길, 즉 보다 나은 본향으로 가는 길에서 얼마나 그리스도(즉, 말씀)와 만나느냐, 얼마나 새로이 그리스도를 발견하느냐에 좌우된다. 바로 그리스도와 동행하는 길을 가는 것이다.

지금까지는 앞에서만 보던 그리스도를 이제 뒤에서도 보고 그를 찾고, 나의 가정과 교회에서만 만나던 하나님을 이제는 나의 일터, 세탁소, 회계사 사무실, 식당, 채소 가게, 길거리와 버스 안 등 곳곳에서 만나 동행하고, 새로이 찾아 만나며, 마지막 발걸음까지 그 길을 가는 것이 본향으로 돌아가는 나그네의 성공이다.

봄에 밭을 갈고 씨를 뿌린다. 가을에 얻을 추수에 소망을 두고서 씨를 뿌리는 것이다. 여름에는 뿌린 씨가 잘 자라도록 김을 매고 풀을 뽑으며, 비료를 주고 물을 대 주는 등 기쁜 수고와 인내로 계절을 보낸다.

어느덧 가을이 다가온다. 설레는 마음으로 추수의 벌판에 서서, 이제 곧 다가올 동면(冬眠), 인생 휴면의 계절을 향하여 떠날 채비를 해야 하는 것이다. 꽁꽁 얼어붙은 동면의 계절이 지나면 씨 뿌리는 봄이 다시 오지만, 인생 휴면의 계절 다음에는 씨 뿌리는 계절이 다시 오지 않는다. 세월은 빠르고 시간은 달린다.

이 가을에 하나님의 부르심을 받아 본향으로 돌아가신 방지일 목사님은, 하나님을 따르는 일에 녹슬지 않고 닳아져 없어지기까지 땅 위에 남긴 것 없이, 거룩한 발걸음의 흔적만을 남기시고 하나님 나라로 가셨다.

친구의 이메일

주진경 목사님, 말씀사(한국 서점)에서 이 책 저 책을 뒤지다가, 《내 영혼의 깊은 데서》라는 제목의 책이 눈에 띄어 자세히 보았더니 주 목사님의 책이었습니다. 그 책을 사 가지고 집에 가서 일주일간 틈틈이 다 읽고 은혜를 많이 받았습니다.

글을 쓴다는 것이 누구나 할 수 있는 것이 아닌데, 참으로 문장력이 뛰어납니다. 저로서는 그동안 모르고 있었던 주 목사님의 고난의 발자취라 할까요, 주님만을 믿고 의지하는 가운데 걸어온 아름다운 목회자의 족적이라 할까요. 많은 분들에게 읽혔으면 합니다. 그리고 사모님의 내조가 있었다는 것은 너무나 감사한 일이고요.

- 이○준 드림

자주 열지 않던 컴퓨터를 켜니 위와 같은 이메일이 들어와 있었다. 메일을 보낸 친구와 나는 대학 동기 동창이요 공군 동기생이다. 그와 나는 동기생이었지만, 그는 늘 나를 앞장서 가곤 했다. 군 생활 초급 장교 시절, 중위에서 대위로, 대위에서 소령으로, 소령에서 중령으로 진급할 때도 그는 나를 앞질러 먼저 진급하였다. 군 진급에 있어서는 내가 그보다 뒤질 것이 없는 것 같았는데, 그런데도 그가 나를 앞질러 진급되곤 했다.

그는 군대 생활을 하면서도 교회 생활에 성실했고, 겸손했고, 어머님께 효성스러웠다. 그것이 이유인 것 같다. 그가 군을 떠난 후 사회에 나왔을 때, 직장을 얻기 어려운 그 시절에 좋은 자리에 보직되어 있었던 것도 그래서였을 것이다.

그가 중령 계급으로 군을 떠난 뒤에 한두 번 만나고, 그와는 연락이 끊겼다. 그러다 40년의 세월이 지난 뒤에 미국 뉴저지에서 그를 다시 만났다. 그가 어느 날 책방에 가서 내가 쓴 책을 발견하고, 그 책을 사서 읽고 나서 나에게 위와 같은 이메일을 보내온 것이 다시 만나는 계기가 되었다. 그때부터 그와 나는 옛날의 친구로 돌아가, 매달 부부 동반하여 오찬을 나누며 우정을 이어갔다.

약 4년 전 초겨울, 기후가 온화하다는 미국의 서부 캘리포니아 산호세에 가서 보름을 지내고 돌아와, 그곳에 있는 동기생들의 소식을 전하려고 그에게 전화를 하였다. 그런데 뜻밖에도 그는 병원에 입원 중이었다. 곧바로 병원에 달려가 의사의 말을 들으니 회

생할 가망이 없다고 하였다. 그는 겨우 하루이틀 병원 신세를 지더니 병문안할 여유도 더 주지 않고, 그가 늘 소망하던 나라로 먼저 떠났다. 그렇게 다정하던 친구, 같이 나란히 가면서도 언제나 나보다 앞서가던 그 친구는 앞서가던 그의 버릇 때문이었는지 하늘나라에도 먼저 갔다.

나는 그의 장례식 하관 예배에서 축도로 먼저 가는 그와 마지막 작별을 하였다. 그와 나는 땅에서는 작별하였으나, 서로가 늘 간직하고 소망하던 나라가 있었기에 조만간 그 나라에서 만날 것이다. 거기서는 앞서거나 뒤서거나 하는 일이 없을 테니, 늘 나란히 걸으며 지난 시절을 회상할 것이다.

고별 수업

告別 授業

1973년 3월 27일 화요일, 이날은 필자가 1년간 봉직한 춘천시 소재 K고등학교를 사직하고 떠난 날이다.

나는 본교 제12회 졸업생을 담임했다. 본교 개교 이후 이 졸업생들에게서 예비고사 합격자가 가장 많이 배출되어, 그 학급을 담임했던 나는 적지 않게 칭찬을 받았다. 학생들과 지도 교사들의 수고와 헌신적인 노력의 결과였으나, 나 역시 정열과 노력을 기울여 졸업반 학급을 지도하였다.

그 당시 이 학교는 급수 시설이 미흡하여 점심 때면 집사람이 보리차를 끓여 날라다 주곤 하였다. 내가 학교 정문 바로 앞에 거주하고 있었기 때문에 이것이 가능했다. 모두가 열악했던 시절에, 나는 아내의 도움도 받아가며 졸업 시험 준비반 학생들의 면학을 위하여 최선을 다하였다. 이 졸업생들이 떠난 뒤, 나는 다시 1973년도 신입생 중에서 우수생으로 편성된 학급을 담임하게 되었다. 전년도 졸업반을 잘 지도했다는 것을 고려하여 그렇게 된 것 같았다. 교사 생활이 길지 않았던 내가 전년도 졸업반에 이어 신년도 신입생 우수반 담임을 거듭 맡게 되니, 사뭇 보람과 자부심을 느꼈다. 신년도 학기는 이러한 자부심 속에서 힘차게 출발하였다. 반 학생들도 상당한 자부심과 긍지를 느끼는 것 같았다.

그런데 새 학기가 시작되고 겨우 반 학기가 지났을 무렵, 나는 같은 시내에 있는 한 고등공민학교의 부름을 받았다. 당시 고등공민학교는 가정 형편이 어려워 중학교에 진학하지 못하는 소년들을 모아 중학교 과정의 수업을 가르쳐, 국가 검정고시를 거쳐 중학교 졸업 자격을 획득하게 하는, 낮은 수준의 교육기관이었다. 학교도 가건물이었고, 교사들에 대한 처우도 아주 낮았다.

신학기에, 더구나 신입생 우수반을 담임하여 한창 의욕적으로 수업을 시작한 마당에, 반 학기도 채우지 못하고 담임했던 학급과 학교를 떠나는 것은 매우 곤란한 일이었다. 내가 현재 근무 중인 학교보다 더 나은 학교로 가는 것은 정말로 도리에 맞지 않을 뿐 아니라 교사의 도의에도 맞지 않는 일이다. 그러나 불우하고 가난한 소년들을 가르쳐 달라는 부름을, 나는 마다할 수 없었다.

나는 학교 당국에 양해를 구하고, 학급 학생들에게도 이해가 되도록 설명하고 사직서를 제출하였다. 세상살이에서 올라가는 것

2010년 고국을 방문하였을 때 열린 고등학교 제자들의 환영회.

은 어려워도 내려가는 것은 쉬운 일인 것을 다시금 배웠다. 그 반에 내가 내걸었던 급훈은 전년도 졸업반의 급훈 그대로였다.

　　1. 명예는 스승에게
　　2. 공(功)은 벗에게
　　3. 책임은 나에게

　　학급 학생들이 준수할 사항으로도 여러 가지를 내걸지 않았다. 결석하지 말 것, 일단 등교한 날에는 절대로 수업 시간에 늦거나 빠지지 말 것을 강조했다. 불가피하게 학과 시간에 빠져야 할 때는 반드시 사전에 보고할 것을 엄격히 내세웠다.

1973년 3월 27일, 이날 나에게 배당된 제3교시 영어 수업을 마치고 떠나기로 했다. 수업 시간이 되어, 마지막 수업을 위하여 담임했던 교실로 들어갔다. 학급 담임교사로서 매일 조회 때에 출석을 부르므로 다시 출석을 부를 필요는 없었으나, 나는 마지막으로 제자들의 이름을 한 번씩 더 부르고 얼굴도 한 번씩 더 보려는 마음으로 출석을 불렀다. 그런데 예상하지 못했던 일이 생겼다. 학급 대표인 두 학생이 마지막 수업 시간에 자리를 비운 것이었다. 상상 외의 일이었다. 그들은 학급을 잘 관리해 오던 모범생들이었다. 그래서 나는 그들이 기대했던 담임교사가 학기 도중에 학교를 떠나는 것에 불만을 품고 땡땡이를 부리는 것으로 생각하였다. 마음이 매우 혼란스러웠다.

수업이 절반쯤 진행되었을 때, 자리를 비웠던 두 학생이 들어왔다. 나는 말없이 그들을 자기 자리에 들어가게 하고, 수업을 계속하였다. 수업이 다 끝난 다음, 나는 자리를 비웠던 두 녀석을 앞으로 불렀다. 이런 경우 어떻게 하는지를 이미 알고 있던 그들에게, 교단 앞에서 엉덩이를 높이 들고 엎드려 뻗쳐를 하게 했다. 학급에 항상 비치되어 있는 배트 방망이로 두 놈의 엉덩이를 각각 두 대씩 후려치고는 자리에 들어가게 하였다. 그러고서 종례를 시작하였다. 엉덩이를 맞은 반장이 "일동 차렷" 하고 구령했다. 나는 학생들에게 다음과 같은 고별사를 하였다.

"너희들과 같이 더 공부할 수 없게 된 것을 매우 유감으로 생각하고 미안하게 생각한다. 그러나 떠나는 내가 너희들에게 하고 싶은 말은, 여기에 걸려 있는 급훈을 명심하라는 것이다. 비단 학교생활에서뿐만 아니라 일생을 두고 지켜도 좋을 좌우명이 될 것이다. 면학(勉學)에 힘써라! 부디 모두 건강하기 바란다. 종례 끝."

이 짧은 고별 종례에는 사뭇 숙연한 기운이 감돌았다. 그때 반장이 일어섰다. 나는 그가 무슨 말을 하려고 일어서는가 했는데, 이렇게 말하는 것이었다.

"오늘, 학급 대표인 저희 둘이 떠나시는 담임선생님으로부터 엉덩이를 맞은 이유를 말하겠습니다."

그러고는 둘이 앞으로 나오더니, 종이로 싼 꾸러미를 내 앞에 내놓으며 "선생님, 풀어 보세요" 했다. 조그마한 꾸러미를 받아 풀어 보니, 그 안에는 찬송가책이 있었다. 평소에 내가 가지고 다니던, 낡아서 너덜너덜해진 찬송가책을 눈여겨본 것이다. 그런데 그들과 이별하고 떠나는 날, 나는 규칙의 엄함을 보인다고 그런 아이들의 엉덩이를 후려쳤다.

떠나는 담임선생에게 줄 선물을 사러, 매를 맞을 것을 알고도 엄격하게 세워진 학급 규칙을 어기면서까지 자리를 비웠던 그들에게서 나는 배웠다. 가르치는 스승으로서 '관용'(寬容)과 '용서'(容恕)라는 사랑의 미덕을 보이지 못한 내 모습을 발견하였던 것이다. 규칙(율법)이란 미명(美名)의 날카로운 잣대로 두부를 찌르

듯 매서웠던 나는, 순간 이별의 정서(情緒)에서 말할 수 없이 혼돈스러움을 느꼈다.

아! 사랑, 제자에 대한 사랑! 그것은 엄격하고 공부만 잘하도록 독려하고 다그치는 것이 아님을 순간 깨달아 알았다. 학교에서 가르치는 것에 앞서는 것이 사랑이 아닌가! 그러한 순간적인 장면에서, 나는 어떻게 해야 체면도 유지하고 너그러움도 보일지 순간적인 번민 끝에, 그들이 선물로 준 찬송가책에서 387장(지금 새찬송가에서는 563장)을 펼쳐 큰 소리로 불렀다. 그 곡을 아는 학생들도 따라 불렀다.

"예수 사랑하심은 거룩하신 말일세. 우리들은 약하나 예수 권세 많도다."

나는 나이 80이 될 때까지 거처를 매우 여러 번 옮겨 다녔다. 춘천을 떠나 프랑스로, 프랑스에서 미국으로, 미국에서도 뉴욕에서 뉴저지로, 텍사스로, 멕시코 빈민 선교지로 다녔다. 그러는 동안에도, 나는 이별하는 날 엉덩이를 맞은 두 놈한테서 받은 찬송가를 서재에 꽂는 것을 잊지 않았다. 나의 코끝을 시큰하게 한 찬송가의 첫 장에는 이렇게 적혀 있다.

강원고교 1-6 일동

1973년 3월 27일

40년이 지난 지금, 이 학급 학생들은 이순(耳順)의 나이를 바라보고 있을 것이다. 어디서 무엇을 어떻게 하고 살아가며, 고교 학생 시절에 가졌을 그 자부심을 지금도 가지고 있을까? 40년 전, 불과 석 달 동안 담임이었던 교사를 기억할까? 그들이 나에게 준 찬송가책이 아니었더라면, 나도 그들을 망각의 심연에 묻어 버리고 말았을 것이다. 기약 없이 헤어졌으나, 신비로운 약속을 받아 간직한 사람들은 다시 만날 수 있다는 소망에 경이로운 위로를 받는다.

- 2012년 4월 5일

독수리의 눈물

조류계(鳥類界)의 제왕인 독수리는 식용이 금지된 조류 목록 중에서도 대형 명조(命鳥)로 분류되어 있다. 구약성서 이사야서(40:31)를 보면 독수리는 힘과 위엄의 상징으로 나타나 있다. 물고기와 새(鳥類)에게는 눈물이 없다고 하는데, 이 글의 제목이 독수리의 눈물이라니, 이 독수리에는 왜 눈물이 있으며, 또 그 독수리는 누구일까?

과거 한국의 대학가에서는 고려대학교가 있는 안암동을 사자굴이라고 하고, 연세대학교가 있는 신촌을 독수리촌이라고 했는데, 지금도 그렇게 부르고 있는지 궁금하다.

나는 한국 정부의 고위 정책 부서에 파견되어 근무하는 동안, 정부의 장학금으로 신촌 독수리촌에 있는 대학원 야간부에서 공부할 수 있었다. 공부는 즐거웠고 이것 자체가 내 생활의 힘이 되어, 박봉의 군인 봉급으로 생계가 어려웠으나 모든 역경을 딛고 과정을 마칠 수 있었다. 공부는 귀중한 것을 배운다는 차원을 넘어 내 인생의 즐거움이었으며, 사명으로도 여겨졌다.

낮에는 정부 청사(廳舍)에서 근무하고, 밤에는 학교에 가서 늦게까지 공부했다. 그러고 나서 집으로 돌아오는 귀갓길은 참으로 고달프고 외로웠다. 신촌에서 버스를 타고 출발해, 도중에서 갈아타고 한강을 건넌 후, 터덜거리며 어두운 동네 골목길을 걸어 집 문을 두드리면 쓰러질 것 같은 피로가 밀려오곤 하였다. 그때마다 하루 종일 무료하게 낮 시간을 보내고 밤늦게까지 기다리다 문을 열어 주는 아내의 피곤한 모습을 볼 줄 몰랐다. 나의 피곤함은 알았으나, 아내의 피곤은 알아차리지 못했다.

그렇게 과정을 마친 나는 졸업식에서 기대하지 못했던 대학총장상인 독수리상(賞)을 수여하였다. 그때의 기쁨, 보람, 자랑스러운 마음은 비길 데가 없었다. 총장으로부터 상장과 상패, 그리고 부상으로 연세대학교 독수리 상징 금배지가 붙어 있는 넥타이핀을 받았다.

군문을 떠난 뒤, 프랑스를 거쳐 미국에 와서 현실의 길에 들어섰다. 돌고 돌아 미국에 온 후에 한국에서 중단했던 신학 과정을 마쳤다. 미국에 와서도 공부는 열심히 하였다. 다른 사람들과 마찬가지로, 미국에서의 공부 생활도 그렇게 평탄한 것만은 아니었다. 나는 공부에 열중하는 것으로 고통을 이겨낼 수 있었지만, 아내의 입장에서는 내가 알아차리지 못하는 고생의 그늘이 있었음을, 나는 많은 세월이 지난 뒤에야 알 수 있었다.

나는 이러한 과정을 거쳐 3년간의 신학대학원 과정을 마치면서, 또 한번 두 번째 독수리상(Eagle Award)을 받았다. 두 번이나 독수리상을 받았다는 환희와 자부심, 기쁨은 비교할 데가 없었다. 이 자랑스러운 상장과 상패와 사진은 내가 사역지(使役地)를 따라 이사(移徙)할 때마다 소중히 간직되었고, 늘 나의 서재와 책장 위에 놓여 있었다.

한국을 떠나기 전 한국의 시골 교회에서 건축헌금을 할 때, 졸업할 때 상(賞)으로 받은 넥타이핀에 붙어 있는 금배지를 떼어 건축헌금으로 바쳤다. 50여 년 전의 과거를 회상하면 '그 기념품만은 그대로 간직할걸' 하는 생각이 들 때도 있다. 그러한 독수리상을 받은 자부심이랄까…. 그렇게 자랑스러웠던 만큼, 나는 나의 외길만 보고, 마땅히 둘러보아야 할 옆은 보지 않고 앞만 향해서 달렸다. 마음 먹기에 따라서는 어느 정도 평탄한 길을 갈 수도 있었지만, 나는 어리석은 고난의 길을 택하여 고집스러운 궤도를 달렸다. 미련한 탓이었을까, 설명하기 어려운 교만의 탓이었을까?

큰 교회에서 미자립(未自立) 교회로, 미자립 교회에서 개척 교회로, 개척 교회에서 국경을 넘어 멕시코 빈민촌으로…. 국경에 가서 수년 동안 폐쇄되었던 교회의 간판을 다시 만들어 달고 뿔뿔이

흩어졌던 교인들을 다시 찾아 모으고, 그리고 또 국경을 넘어가 멕시코 빈민촌(Accuna, Mexico)에 가서 철길먼지마을교회를 세워 4년간 선교를 펼쳤다.

나는 국경을 넘나들며 두 교회를 섬기는 길에서 은퇴의 길에 들어섰다. 세월의 탓이었다. 아직은 기력이 쇠하지 아니하였고 눈이 흐려지지 않았으나, 세월과 세대가 나의 발걸음을 은퇴의 길로 옮기게 하였다. "산천은 의구한데 인걸은 간 데 없네. 어즈버 태평연월이 꿈이런가 하노라"라고 읊은 길재의 옛시조는 이런 데서 연유한 것인가? 70의 나이에 나는 이 열사막(熱沙漠)의 국경에서 은퇴 의식(儀式)도 없이 주일 예배로서 은퇴를 알리고, 다음 날 이별의 손을 흔들어 주는 이도 없는 마을을 뒤로 하고 귀로에 올랐다.

국경 리우그란데(Rio Grand) 강을 사이에 두고 있는 멕시코의 아쿠냐와 텍사스(Texas)주의 델리오(Del Rio) 두 소읍(小邑)을 떠나, 뉴욕까지 2,040마일의 길을 서서히 달리기 시작하였다. 나의 앞길에 아직 남겨진 무슨 일이 있을까 생각하면서….

그리로 떠나갈 때 빈손이었기에 돌아올 때도 빈손이었다. 가다가 멈추어 쉬고, 쉬다가 다시 가고 하기를 거듭하며, 보통 하루이틀이면 가고 오는 길을, 나는 6일에 걸쳐 서서히 동북쪽으로 향해 갔다. 행선은 뉴욕이지만, 거기 가서도 우선 머리 둘 곳이 없었기에 여로(旅路)를 재촉하지 않았다. 머리 둘 곳이 없는 행로였지만, 그런 가운데서도 '어서 가야 한다'는 마음은 서둘러졌다. 이는 어

1967년 2월, 연세대학교 대학원 졸업식에서.

디른가 가야 한다는 여로(旅路)의 알 수 없는 정서(情緖)였을 것이다. 돌아오는 길에 다섯 밤을 모텔에서 지새우면서, 가랑이 찢어지는 여린 발걸음으로 나를 따라다녔던 열(烈, 아내의 별칭)의 얼굴을 들여다보곤 하였다.

뉴저지에 돌아와서는, 출가한 딸의 시골집에 짐도 거의 없는 여장을 우선 풀었다. 여기에서도 오래 머물러 있을 것은 아니었다. 사람들이 기숙하는 곳으로 나가야 해 질 무렵에 찾아온 일꾼에게도 포도원의 문이 열릴 것이라는 소망 때문이었다. 다시 뉴욕으로 와서 한인들이 많이 거주하는 퀸즈로, 교회에서 가까운 처남 장로의 집으로 옮겨 몇 주일을 머물렀다. 이제는 더 옮겨 갈 일이 없는 긴 여로의 마지막 쉼터로 여겨져서인지, 아내의 얼굴에는 휴식의 평안이 드리운 듯하였다.

자원하여 기쁘게 받은 사역(使役)의 길을 앞장서 달리다가 은퇴하고 70 나이를 넘겨 여기에 돌아오기까지, 내 마음의 한구석에 늘 자리하고 있던 공허를 발견하였다. 독수리상을 탔을 때의 감격과 기쁨과 자랑스러움, 그리고 서재에 늘 진열되어 있던 상패와 상장을 보면서도 무엇인지 모르게 채워지지 않고 늘 허전했던 마음의 동공을 발견한 것이다.

긴 여로에 지쳐 잠든 아내의 얼굴에서 휴식의 편안한 모습을 보았을 때, 아내의 얼굴에 독수리의 눈물이 번져 오는 것을 발견하였다. 이제까지 스스로의 자랑스러움과 자부심으로 피로를 모르고 홀로 앞장서서 달리기만 하다가, 이제 와서야 아내의 얼굴에 주름이 가고 검은 머리에 숨겨진 흰 머리카락을 보지 못하고 세월을 보낸 것에 마음이 저려 왔다. 내가 자랑스러움과 자부심으로 피로를 몰랐던 그 모든 순간순간에, 내가 받은 독수리 상패와 상장 위에, 아내의 수고와 고통을 못 보았던 나의 회한의 눈물이 흘러 번졌다.

어느 교회에서 설교 요청이 있어서 설교 시간에 그동안 내가 지나온 이야기를 했더니, 그 교회 성도들이 선교사로 파송을 받은 일도 없고 청빙을 받은 일도 없는 나를 선교사라고 불렀다.

또 해는 바뀌어 2013년이다. 세월이 빠르다고 말하는 것은 언제나 게으른 지각생의 독백이 아닌가 싶다. 귀에 들리지 않는 음성을 찾아서, 이 한 해에도 어디론가 또 한번의 정열을 가지고 달려가야 할 것이다. 독수리의 눈물이 마르기 전에….

- 2013년 4월 초(抄), 몽당연필 주진경 목사

어머님 생각

2018년 어머니날을 맞이하여

이른 새벽, 교회에 갈 시간이 되어 일어나 창문을 열었다. 모국 방문이 예정되어 있어서 그날의 날씨를 보기 위해서였다. 밤 사이에 흰 눈이 내려 쌓여 있었고, 함박눈이 계속 내리고 있었다. 들창문 가까이 드리운, 막 피어나려고 불룩하게 몽우리 진 목련 가지가 쌓인 눈을 버티느라 힘겨워하고 있었다. 차가운 눈이 그렇게 많이 내렸으니, 몽우리 진 목련꽃은 언제쯤에나 피어날까!

폭설로 인하여 항공기 운항이 취소되리라 예상했으나, 정오가 지나자 눈이 멎고 햇볕이 쏟아졌다. 비행기는 열세 시간을 날아가 순조로이 인천공항에 내렸다. 나이 일흔을 넘고 여든을 전후한 세 동생과 그 가족들과 함께, 남양주에 있는 부모님의 납골당을 찾아가 참묘(參墓)하였다.

조카 목사가 준비해 온 추모 예배 순서지의 뒷면에 동생 장로가 쓴 시(詩)가 게재(揭載)되어 있었다.

어머님 생각

목련이 지고 잎이 푸르를 때
우리 어머님은 목련꽃 지듯 하늘로 가셨다
어머님 생각에 가슴이 저며 온다…
카네이션 한 송이 달아 드릴 것을…
쪽복음 한 권 손에 감추어 들고
교회로 가시던 우리 어머님…
목련이 지고 나면
가슴 아프게 그리운 마음으로
어머님 가신 나라 바라본다.

이렇게 가신 어머님의 임종을, 장남인 나는 지키지 못했다.

내가 군대 생활을 하던 당시는 부산에서 서울까지 기차로 하룻밤을 꼬박 달려야 하던 시대였고, 우편이나 전보도 군사용 우편번호로 통하던 때였다. 전보를 받고 어머님이 계신 집에 이르렀을 때에는, 어머님은 이미 관 속에 누워 계셨다. 부모님의 임종을 지키지 못한 것이 이토록 가슴 아픈 불효요 죄인가!

나는 부모님의 임종을 보지 못했다는 죄책감으로 상당 기간 마음이 괴로웠다. 억장이 무너지는 듯 괴로웠다.

약 3주간의 모국 방문 여행을 마치고 집에 돌아오니, 무겁게 쌓인 눈에 눌려 피어나지 못하던 목련꽃이 활짝 피어 있었다. 꽃가지가 손에 잡힐 듯이 창문 가까이 다가와 있었다. 문득 멀리 가신, 그토록 가슴 저리게 그리던 어머님이 활짝 핀 목련 꽃송이를 헤치고 다가오시는 듯하였다.

목련꽃 지듯이 하늘로 가신 어머님이 간직했던 하늘나라에 대한 소망과 그 믿음이 나에게도 있기에, 어머님이 가신 5월이 오면 불효의 죄책감으로 고뇌하던 나는 한없는 위로를 받는다. 어머님이 먼저 가 계신 나라에서 어머님을 곧 만나게 되리라는 소망으로, 하나님께 마음껏 감사를 드린다.

- 불효자 주진경 씀.

귀로

떠나온 집으로
돌아가는 길

해 저문 그 길은
외롭고 서글프다

피곤하고 지친 길이지만
그래도 집으로 가는 길은
언제나 즐겁다

세상의 수고를 다 마치고
골목 어귀에 들어서지만
마냥 가벼운 귀낭(Homing Bag)

돌아보면
억장이 무너지는 참회와 무능
어리석음의 세월들

뫼에는 산들의 눈물이 솟고
풀에는 이슬의 탄식이 긴데

갈 곳이 어디이뇨

그래도 갈 곳
어버이 먼저 가 계신 곳
보이지 않는 나라

그 집으로 가는 길은
오롯이 기쁘고 즐겁다

소망과 인내로 기다려 왔던
본향으로 가는
그 길은 즐겁다

애부길인(Evergreen)
그 십자가 밑에서

늘 푸른 마음
늘 가난한 마음으로
이 해도 집으로 간다

_몽당연필, 주진경 목사

귀로

Lord's
pencil stub